Dalai Lama
& seine tibetischen Meister

Ratschläge für ein erfülltes Leben

Herausgegeben
von Catherine Barry

Aus dem Französischen
von Elisabeth Liebl

GOLDMANN
ARKANA

Die französische Originalausgabe erschien 2010 unter dem
Titel »Conseils du Dalaï-lama et de ses maîtres pour être heureux«
bei Presses de la Renaissance, Paris.

MIX
Papier aus verantwortungsvollen Quellen
FSC® C014889
FSC
www.fsc.org

Verlagsgruppe Random House FSC-DEU-0100
Das für dieses Buch verwendete FSC®-zertifizierte Papier
EOS liefert Salzer Papier, St. Pölten, Austria.

1. Auflage
Deutsche Erstausgabe

Umschlaggestaltung: UNO Werbeagentur, München
Umschlagmotiv: dpa/Gary Rothstein
Lektorat: Claudia Göbel
Satz: Barbara Rabus
Druck und Bindung: Friedrich Pustet KG, Regensburg
Printed in Germany
978-3-442-33891-7

www.arkana-verlag.de

Für Benjamin
Für Tulku Pema Wangyal
Für Dagpo Rinpoche
Für Matthieu Ricard

Solange Raum und Zeit bestehen und die lebenden
Wesen darin,
möge ich im Daseinskreislauf verweilen,
um den fühlenden Wesen zu helfen,
das Leid und seine Ursachen zu überwinden sowie
das Glück und seine Ursachen zu finden,
damit sie vollkommene Erleuchtung erlangen.

Shantideva

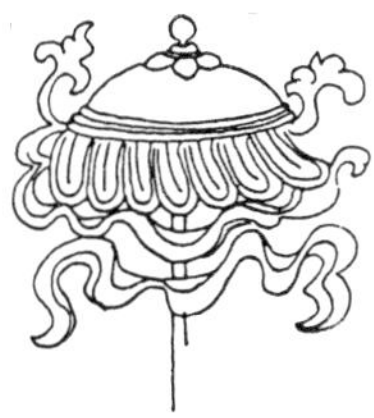

Inhalt

Vorbemerkung
von Catherine Barry

Die Worte des Dalai Lama werden hier im Wechsel mit Texten großer Meister aus Indien und Tibet präsentiert, die für ihn wichtige Lehrer darstellen. Ihre Unterweisungen haben das Fundament des Buddhismus gelegt. Der Dalai Lama stützt sich bei seinen Belehrungen an den verschiedensten Orten der Welt immer wieder auf die Schriften dieser Meister und gibt ihre Erkenntnisse weiter. Dieser zeitlose und universelle Weisheitsschatz macht aus dem Buddhismus eine unglaublich moderne Tradition, die die Erwartungen und Vorstellungen vieler Menschen anzusprechen vermag.

Ich habe den Dalai Lama in den vergangenen zwanzig Jahren zu unterschiedlichsten Anlässen interviewt. Seine hier vorgestellten Ausführungen sind Antworten, die er mir auf meine Fragen gab. Die einfachen und direkten Worte, die er dabei fand, gehen uns alle an. Wir sind alle denselben Leiden des Geistes und des Herzens unterworfen, daher stellen wir uns häufig die gleichen Fragen über das Leiden und das Dasein im Allgemeinen.

Damit Sie auf einen Blick sehen können, welche Äußerungen des Dalai Lama Sie im Augenblick am meisten ansprechen, habe ich sie mit zusammenfassenden Überschriften versehen. Die Texte von Shantideva, Nagarjuna, Tsongkhapa und anderen großen Meistern lassen deren Worte – kommentiert durch den Dalai Lama – in die Betrachtung einfließen, sodass ein innerer Dialog zwischen dem Leser, dem Dalai Lama und seinen Vorgängern auf dem Pfad des Buddhismus entsteht. Wer diese Zeilen liest, sollte sich denken können: »Diese Frage hätte von mir sein können«, oder: »Das wollte ich schon lange wissen.« Denn Sie, liebe Leserin, lieber Leser, stehen im Mittelpunkt dieser Belehrungen.

Vorwort

von Fabrice Midal

Die Lehre des Buddha spielt heute im Westen eine immer größere Rolle. Die Bekanntheit des Dalai Lama geht nicht zuletzt darauf zurück, dass er als lebendiges Symbol dieser Tradition gilt. Er zeigt uns, dass der Buddhismus ein authentischer spiritueller Pfad ist, der unsere grundlegendsten Bedürfnisse erfüllt. Dabei erinnert er uns beständig daran, dass Spiritualität kein Weg ist, der in ein nebulöses Jenseits führt, sondern unser tägliches Engagement fordert. Sie ist kein Weg, uns aus unserer Verantwortung zu stehlen, sondern vielmehr einer, auf dem wir ihr spontan entgegengehen. Ein Weg, der keine Gleichgültigkeit zulässt und uns vielmehr Liebe und Mitgefühl lehrt.

Der Buddhismus hat mindestens zwei erstaunliche Aspekte. Zum einen zeigt er genauestens auf, wie wir denken und wie wir uns Tag für Tag von unseren emotionalen Konflikten überrollen lassen. Den Buddhismus zu studieren heißt, dass wir verstehen, wie wir die Realität sehen. Wir können in uns lesen wie in einem Buch. Einer der Grundsteine dieser Tradition ist die klare Erkenntnis dessen, was ist. Wir lassen uns nicht mehr von den Schleiern unserer Meinungen, Ängste und Sehnsüchte einhüllen. Wir lernen, die Dinge so zu sehen, wie sie sind. Daher ist der Buddhismus unmittelbar mit unserer konkreten Erfahrung verknüpft.

Andererseits bemüht sich diese Lehre so peinlich genau zu beschreiben, was ist, dass wir häufig den Eindruck haben:

»Genauso geht es mir auch.« Wir haben immer wieder das Gefühl, wir würden das alles schon kennen: »Ich wusste doch, dass Mitgefühl der einzige Weg ist, um glücklich zu werden, aber irgendwie hatte ich es vergessen.«

Doch gerade aus diesem Grund verlieren wir mitunter aus den Augen, wie großartig diese Lehre ist, und verstehen die buddhistische Erfahrung falsch. Diese Tradition ist einfach, sie spricht direkt unser Herz an, ohne den Umweg über die Theologie oder Metaphysik zu nehmen, sie will Weg sein, nicht Religion oder Philosophie – aus ebendiesen Gründen aber erscheint uns ihre Einfachheit manchmal als gar zu simpel. Das Einfache aber ist erst einfach, wenn man seine Komplexität gemeistert hat – nicht, weil wir aus Feigheit davor zurückgescheut sind. Das Einfache verweigert sich nur dem selbstverliebten Kunstgriff, mit Denkfaulheit hat es nichts zu tun. Oder, wie Martin Heidegger in seinem Text *Der Feldweg* sagt: »Den Zerstreuten erscheint das Einfache einförmig. Das Einförmige macht überdrüssig. Die Verdrießlichen finden nur noch das Einerlei. Das Einfache ist entflohen. Seine stille Kraft versiegt.«

Es ist ein Widerspruch in sich, den Buddhismus als simplen Weg der persönlichen Entwicklung zu betrachten, der uns vom Stress befreit und uns billigen Trost verschafft. Sein Ziel ist weit höher angesiedelt. Dass er jedem zugänglich ist und von allen verstanden werden kann, heißt schließlich nicht, dass er auf die große Vision verzichtet. Auf diese Weise versucht er vielmehr, ihr treu zu bleiben.

Aus ebendiesem Grund lehrt der Dalai Lama gerade im Westen immer wieder die subtilsten Aspekte des Buddhismus und stützt sich dabei stets auf die großen Meister der Vergangenheit. Das ist ein bisschen so, als würde der Papst nach Asien reisen, um dort von Nikolaus von Cues, Meister Eckhart oder Madame Guyon zu sprechen. Auch dies ist eines der großen Geheimnisse des Dalai Lama: Seine Belehrungen sind ungeheuer tiefgründig. Sie wirken leicht verständlich, was nur daran liegt, dass er auch tatsächlich verkörpert, wovon er spricht, und nicht daran, dass er die Lehren etwa vereinfacht darstellen würde.

Es ist das große Verdienst von Catherine Barry, diese beiden Aspekte der Lehren des Dalai Lama eingefangen zu haben: sein Verankertsein in der Tradition und sein Bemühen, von Herz zu Herz zu sprechen. Tradition ohne Herz wäre steriles Bücherwissen, Herz ohne Tradition billige Gefühlsduselei.

Der Dalai Lama steht als Mensch für konkretes, fassbares Mitgefühl. Wer das Glück hatte, je in seiner Nähe gewesen zu sein, weiß, dass dieser Mann von Weisheit und Mitgefühl, Liebe und Toleranz nicht nur spricht – er ist wie kein anderer der Inbegriff dieser Eigenschaften. Wer ihn trifft, wird von einer Welle des Mitgefühls überflutet, die niemanden kaltlässt. Doch er vergisst auch nie, uns daran zu erinnern, dass dieses Mitgefühl in der Meditation über tiefgründige historische Texte des Buddhismus verankert ist, die in seinen Augen die stets lebendige Quelle seiner Worte darstellen. Catherine Barry konzentriert sich hier in erster Linie auf Shantideva und Nagarjuna – zwei »Juwele«, auf die sich das Denken des Dalai Lama gründet. Shantideva ist ein indischer Meister, der gegen Ende des 7. Jahrhunderts unserer Zeitrechnung zur Welt kam. Er lebte in einem Kloster, aber da er den lieben langen Tag schlief, hielten ihn alle für faul und dumm.

Eines Tages schmiedeten seine Mönchskameraden eine Intrige, um ihn aus dem Kloster weisen zu lassen. Sie baten ihn um Belehrung. Bei dieser Gelegenheit entstand Shantidevas *Bodhicharyavatara – Lebenserfahrung im Geiste der Erleuchtung*. Dieser Text von atemberaubender Schönheit wurde seitdem von zahllosen Schülern aller Epochen auswendig gelernt.

Nagarjuna hingegen ist einer der brillantesten Denker des Buddhismus, sicher der bedeutsamste nach Buddha selbst. Er lebte im 2. Jahrhundert und widmete sich der Erläuterung der Leerheit in all ihren Facetten.

Mit einem solchen Fundament versehen können die Worte des Dalai Lama jeden Menschen in seiner spirituellen Suche bereichern. Er erläutert uns, wie und warum wir uns nie dem Zynismus ergeben oder warum wir auf Gefühle des Grolls und der Verbitterung verzichten sollten. Er zeigt uns, wie wir es schaffen, unsere höchsten Ziele zu verwirklichen und ihnen einen zentralen Platz in unserem Leben einzuräumen.

Erinnere dich stets daran, dass du hier im Exil bist,
aber immer wieder hierher zurückkehren musst.

Tenzin Gyatso, 14. Dalai Lama

ཨོཾམཎིཔདྨེཧཱུྃ

Einführung

Die Vorträge des Dalai Lama sind ebenso scharfsinnig wie tiefschürfend und von einer bemerkenswerten Klarheit, wie Tausende von Zuhörern bei seinen Besuchen in Europa und der ganzen Welt immer wieder feststellen können. Zum einen kennt er die westliche Mentalität und unsere Neigung, die Dinge eher intellektuell anzugehen, mittlerweile sehr gut. Andererseits weiß er, wie schwer wir uns damit tun, uns tatsächlich in der buddhistischen Praxis zu üben. So findet er auch leichter die richtigen Worte, um unseren Geist wachzurütteln und uns zu motivieren, die Arbeit an unserer geistigen Wandlung nicht länger hinauszuschieben.

Doch warum ruft Tenzin Gyatso, der 14. Dalai Lama, auf all seinen Reisen ein so ausgeprägtes Interesse hervor? Unbestreitbar hat die Verleihung des Friedensnobelpreises an ihn dazu beigetragen. Mit seiner oft verschmitzten und heiteren, dann wieder sehr ernsten Art erfüllt er die durchaus sehr unterschiedlichen Erwartungen vieler Zuhörer. Diese besondere Gabe, in der sich seine gründliche Kenntnis der menschlichen Natur ausdrückt, verleiht ihm ein Charisma, das ihm überall die volle Aufmerksamkeit seines Publikums sichert. Und ob die Menschen nun gekommen sind, um den Friedensnobelpreisträger zu hören oder den buddhistischen Lehrer, der seine Ausführungen auf so komplexe Texte stützt, dass sie auf den Anfänger zunächst einmal entmutigend wirken – in der Mehrzahl folgen sie seinen Worten sehr konzentriert und offen. Es findet eine Kommunikation »von Herz zu Herz« statt, eine erstaunliche Stille legt sich über die Anwesenden. Dies ist umso bemerkenswerter, wenn ihm Tausende von Menschen, Buddhisten wie Nichtbuddhisten, zuhören.

Ich erinnere mich an einen Vortrag des Dalai Lama im französischen Nantes, bei dem zwei Stunden lang trotz einer schon herbstlichen Witterung aus dem Publikum nicht einmal ein Husten zu hören war. Und obwohl sich an diesem Tag eine beträchtliche Anzahl kleiner Kinder im Saal aufhielt, gab es kein Geschrei. Die Zeit und aller Kummer schienen sich im weiten Raum aufgelöst zu haben.

Es war so still wie in einer Kirche. Obwohl ihm dieses Phänomen nicht neu war, musste der Dalai Lama lachen. Und so fragte er schelmisch ins Publikum: »Sind Sie eingeschlafen oder langweilen Sie sich nur?« Worauf er in sein typisches Lachen ausbrach, das auf die Anwesenden stets ansteckend wirkt.

Ist der Geist beim Zuhören entspannt, fällt das Gesagte auf fruchtbaren Boden. Seine ebenso vernünftigen wie praxisbezogenen Worte hallen noch lange im Gedächtnis nach.

»Gewaltanwendung ist überholt.« Dieser Satz lässt sich leicht merken. Die Menschen klatschen laut Beifall, die geladenen Journalisten schreiben ihn eifrig in ihr Notizbuch.

»Innere Abrüstung muss der äußeren Abrüstung vorausgehen.« Die Konflikte in allen Teilen der Welt, die den meisten der Anwesenden gegenwärtig sind, bilden den ersten Hintergrund dieser Aussage.

»Wir sind alle miteinander verbunden und voneinander abhängig. Nehmen Sie beispielsweise die europäische Gemeinschaft – eine Familie, die gemeinsame Interessen und eine gemeinsame Politik verfolgt … Darin liegt eine enorme Kraft.«

Und da die Zukunft der Menschheit einem Weltbürger wie Tenzin Gyatso nicht gleichgültig sein kann, bringt er sowohl seine Sorge als auch seine Hoffnung in Bezug auf die Gesellschaft von morgen zum Ausdruck, ohne in Gemeinplätze zu verfallen: »Wenn wir die Zukunft der Menschheit in eine positive Richtung lenken wollen, müssen wir ein Wertesystem vermitteln, das auf Mitgefühl beruht ... Doch natürlich müssen wir diesen Keim erst heranwachsen lassen, indem wir ein gutes Herz entwickeln und uns in Großzügigkeit üben.«

Die ebenso einfachen, direkten wie wahren Worte dieses Lehrers gehen zu Herzen, nie verurteilt er unsere menschlichen Schwächen, sondern interessiert sich vielmehr lebhaft für das Wohl aller Wesen. Wir alle wünschen uns, dass unsere Kinder und die Menschen, die uns nahestehen, glücklich sind. Wir alle sind von der allgegenwärtigen Gewalt betroffen, die uns in Film und Fernsehen, aber auch ganz konkret in Form sozialer Probleme in der Gesellschaft begegnet. Auch wir möchten das Gesicht dieser Welt verändern. Und der Dalai Lama versichert uns, dass dies möglich ist – unter der Voraussetzung natürlich, dass wir zuerst unseren Geist umwandeln. Doch auch das geht.

Wort für Wort dringen seine überlegten, sehr klaren Ausführungen in die Herzen und das Bewusstsein jener ein, die ihm lauschen. Sie schenken dem einen neue Hoffnung, dem anderen Vertrauen oder den Wunsch, verantwortlicher zu handeln, großzügiger, solidarischer zu sein. Eine herzerfrischende Menschlichkeit breitet sich im Saal aus. Manches Auge beginnt zu schimmern und über so manches Gesicht legt sich ein Lächeln. Viele empfinden ein Gefühl der Dankbarkeit gegenüber dem Dalai Lama. Wenn dieser sich mit vor der Brust gefalteten Händen zum Abschied vor den Anwesenden verbeugt, schlägt ihm ein langer Applaus entgegen.

Über all dem aber dürfen wir nicht vergessen, dass Tenzin Gyatso auch das weltliche Oberhaupt der Tibeter ist und sein Volk mehr denn je unter der Kolonisierung durch China leidet. Tag für Tag erfährt Tibet Gewalt und Unterdrückung. Seit der Eröffnung der Bahnlinie Xining–Lhasa im Juli 2006 ist die tibetische Hauptstadt von Peking aus in 48 Stunden zu erreichen, und das chinesische Joch lastet noch schwerer auf Tibet. Täglich bringt der Zug Tausende von chinesischen Siedlern dorthin, die das Land für sich in Besitz nehmen. Die tibetische Kultur läuft Gefahr, vollständig zu verschwinden, so beschreibt der Dalai Lama die Lage. Es drohe eine rasche Auslöschung, die nicht mehr rückgängig zu machen sei, falls diese Entwicklung nicht eingedämmt werde.

Wir alle tragen Verantwortung für das, was sich in Tibet augenblicklich zuträgt. Was haben wir all die Jahre getan, um zu helfen?

Am 31. März 2010 jährte sich zum einundfünfzigsten Mal der Tag, an dem der Dalai Lama mit einem Teil seines Volkes ins indische Exil gehen musste, wo er seither lebt. Diese Situation ist eine schreckliche Prüfung, vor allem, wenn man ohnmächtig zusehen muss, was im chinesisch besetzten Tibet vor sich geht. Jene Tibeter, die auf dem »Dach der Welt« zurückgeblieben sind, erfahren seit der kommunistischen Besetzung im Jahr 1949 unsägliches Leid: Erniedrigung, Diskriminierung, gewaltsame Übergriffe, Folter und Hinrichtungen. Im Laufe der mehr als sechzigjährigen Besatzung hat es auch friedlichere

Phasen gegeben. Andererseits kam es wie 1989 auch zu gewaltsamen Demonstrationen, bei denen viele Menschen den Tod fanden. In jenem Jahr wurde das Kriegsrecht über Tibet verhängt. Das Gleiche geschah 2008, und viele Tibeter bezahlten ihren Protest gegen die chinesische Führung mit dem Leben.

Der Völkermord an den Tibetern und das Auslöschen ihrer Kultur lassen nur noch wenig Hoffnung, dass eine der bemerkenswertesten Hochkulturen dieser Welt ihrem Untergang entgehen kann. Ein Untergang, der von den Regierungen und Völkern der westlichen Welt bis zum heutigen Tag weitgehend unkommentiert bleibt. Die verstärkte Kolonisierung Tibets durch China legt von der Gleichgültigkeit der Welt beredtes Zeugnis ab – mehr als alle Worte dies je tun könnten.

Wenn von unserer Seite aus nichts geschieht, riskieren wir, dass im »Land des Schnees« die letzten noch lebenden Tibeter in Reservate gepfercht und neugierigen Touristen zur Besichtigung vorgeführt werden. Dort dürfen sie dann Gebetsmühlen und anderen Krimskrams als Souvenirs an Reisegruppen verkaufen. Das Szenario kommt Ihnen bekannt vor? In einem anderen Land und zu einer anderen Zeit spielte sich vor den Augen einer gleichgültigen Menschheit ein ganz ähnliches Drama ab: das der amerikanischen Ureinwohner.

Werden wir einmal mehr zulassen, dass die grausamen Aspekte der Geschichte sich wiederholen? Jeder möge diese Frage für sich und vor seinem Gewissen beantworten. Eines ist jedenfalls sicher. Wir werden nicht wieder behaupten können: »Das habe ich nicht gewusst.« Seit den Olympischen Spielen 2008 in Peking weiß der Westen Bescheid – und schweigt.

Buddha Shakyamuni

Buddha Shakyamuni, der historische Buddha, wurde im 5. oder 6. Jahrhundert vor unserer Zeitrechnung in Nordindien geboren. Auf seine Lehren gehen alle buddhistischen Schulen zurück.

Die Abbildung zeigt ihn in Meditationshaltung. In der linken Hand hält er die Almosenschale, die rechte Hand führt die Erdberührungsgeste aus, mit der er die Erde zum Zeugen seines Erwachens anruft.

Guru Padmasambhava

Guru Padmasambhava oder, wie man ihn ebenfalls nennt, Guru Rinpoche (*guru* bedeutet »Meister«, *rinpoche* »kostbar«). Er führte um das 7. Jahrhundert unserer Zeitrechnung den Buddhismus in Tibet ein. Die Tibeter betrachten ihn als zweiten Buddha. Seine hochgezogenen Augenbrauen und sein angedeutetes Lächeln sind ein Hinweis auf seine halb zornvolle, halb friedvolle Natur. Sein Erscheinungsbild versinnbildlicht somit auf vollkommene Weise den buddhistischen Pfad, der auch als mittlerer Weg bezeichnet wird.

In der rechten Hand hält er einen *vajra*, der als Zepter geschickte Mittel und Mitgefühl symbolisiert. Seine Linke hält einen *kapala*, eine Schädelschale, die ein Gefäß der Weisheit darstellt. Die Qualitäten von Weisheit und Mitgefühl, die der Praktizierende auf dem Weg entwickeln muss, sind untrennbar miteinander verbunden und ergänzen einander.

Chenrezig

Der Dalai Lama wird als Manifestation des Buddha des Mitgefühls betrachtet, dessen Name auf Tibetisch Chenrezig, auf Sanskrit Avalokiteshvara lautet. Sein Mantra ist das berühmte *Om Mani Padme Hung.*

Om Mani Padme Hung

Das Mantra des Buddha des Mitgefühls ist wohl das bekannteste buddhistische Mantra. Seine positiven Wirkungen sind grenzenlos. Manchmal werden die sechs Silben des Mantra um eine siebte, *Hrih*, ergänzt. In dieser Keimsilbe konkretisiert sich das Mitgefühl von Avalokiteshvara oder Chenrezig.

Die Silbe *Om* symbolisiert Körper, Rede und Geist des Praktizierenden, aber auch Körper, Rede und Geist des Buddha.

Die nächsten vier Silben stehen für den Pfad.

Mani, »Juwel«, symbolisiert die »geschickten Mittel«: Weisheit und Mitgefühl.

Padme bedeutet »Lotus« und steht für Weisheit. Reinheit muss durch unteilbare Einheit erlangt werden. Das *Hung* symbolisiert eben diese Einheit von Weisheit und Methode.

Die Bedeutung des Mantra ist folgende: Wenn wir dem buddhistischen Pfad folgen und Weisheit und Mitgefühl entwickeln, können wir Buddhaschaft erlangen und unsere gewöhnliche Form von Körper, Rede und Geist in die strahlenden, reinen Äquivalente von Körper, Rede und Geist eines Buddha umwandeln.

ཨོཾམཎིཔདྨེཧཱུྃ

Jede freudvolle Erfahrung, die wir in dieser Welt machen,
hat ihre Wurzeln im Streben nach dem Glück der anderen.

Shantideva

Die rechte innere Haltung, eine heilsame Motivation

Am Anfang jeder Wandlung steht das Erzeugen des Wunsches, künftig zum Wohle der fühlenden Wesen zu wirken. Wenn wir solch eine Motivation entwickelt haben, werden wir anderen mutig helfen. Zudem macht sie uns toleranter und geduldiger. Wir werden mit größerer Aufmerksamkeit registrieren, was sich gerade in unserem Geist abspielt, und lernen, ihn zu disziplinieren. Störende Gefühle verlieren so an Macht.

Der Buddha war ein Mensch, der unermüdlich daran gearbeitet hat, Erleuchtung zu erlangen, um den Wesen zu helfen und sie vom Leiden zu befreien. Diesem Ziel widmete er sich mit aller Kraft. Wenn wir gleich ihm unseren Geist umwandeln wollen, müssen wir seinem Beispiel folgen und eine ähnliche Motivation entwickeln. Diese Überlegung ist mein tägliches Leitmotiv. Ich versuche, darauf zu achten, dass ich eine gute Motivation in mir entstehen lasse und so möglichst angemessen und richtig handele. Das macht die Dinge einfacher.

Wenn unsere Grundhaltung von Wohlwollen bestimmt ist, wird sich dies in allem, was wir sagen, denken oder tun, niederschlagen. Eine wohlwollende Grundhaltung schützt uns vor Stolz, Eifersucht, Zorn und Hass. Wir sind stärker auf das Wohl der anderen bedacht, weil uns ihr Schicksal nicht gleichgültig ist. Wir nützen ihnen durch unser Verhalten.

ཨོཾ་མ་ཎི་པདྨེ་ཧཱུྃ

Alle meine künftigen Existenzen, all meinen Besitz,
allen Verdienst, den ich in Vergangenheit, Gegenwart und Zukunft gesammelt habe oder sammeln werde,
opfere ich ohne Bedauern, damit alle Wesen zur Erleuchtung gelangen.
Möge ich für niemanden zur Ursache von Leid werden!
Mögen alle, die mich verleumden oder mir schaden, Erleuchtung erlangen.
Wenn ihr Herz von Böswilligkeit gegen mich erfüllt ist, möge mir dies helfen, ihnen zu dienen!
Möge ich allen Wesen Linderung ihres Schmerzes bringen!
Möge ich den Kranken Heilmittel, Arzt und Pfleger sein,
bis sie von ihrer Krankheit genesen sind.
Möge ich Speise und Trank herabregnen lassen,
um die Qualen von Hunger und Durst zu stillen!
Dies will ich so lange tun, wie nicht alle Wesen befreit sind.

Shantideva

Unser Geist erschafft die Welt, in der wir leben

Es ist unser Geist, der unsere Welt erschafft. In ihm haben unser Glück und Leid ihren Ursprung. Deswegen müssen wir lernen, unseren Geist zu beobachten und zu disziplinieren. Äußere Ereignisse, mit denen wir konfrontiert werden, können wir nur in den seltensten Fällen kontrollieren. Steigen jedoch störende Gefühle in uns auf, so können wir diese sehr wohl in den Griff bekommen und verändern. Zu diesem Zweck müssen wir unsere Achtsamkeit auf das richten, was sich in unserem Geist abspielt. Das ist der Schlüssel zu jeder geistigen Transformation. Verweilen wir aufmerksam und konzentriert bei dem, was in diesem Augenblick geschieht, so gibt uns dies mehr Entscheidungsfreiheit in unseren Handlungen.

Die Welt, die wir erschaffen und erleben, hängt also in erster Linie von unseren vorherrschenden Emotionen und unseren Einstellungen ab. Werden wir von störenden Gefühlen beherrscht, so werden wir von ihnen fortgerissen wie welkes Laub vom Wind. Unter ihrem Einfluss handeln wir – ohne dass uns dies bewusst wäre – unseren eigenen Interessen zuwider und fügen anderen Schaden zu. Diesem Zustand können wir abhelfen, indem wir innehalten und darüber nachdenken, was in uns vorgeht und welche Konsequenzen unsere Handlungen haben werden. Erinnern wir uns daran, dass eine positive Handlung auch positive Wirkungen zeitigt und dass dies umgekehrt genauso gilt. Wenn wir Weizen aussäen, dann erhalten wir keinen Reis, sondern eben Weizen. Ebenso verhält es sich mit heilsamen, positiven, von Großzügigkeit geprägten Handlungen. Sie hinterlassen Eindrücke im Geist, die das Eintreten ähnlich gearteter Resultate begünstigen. Sobald sich geeignete Umstände ergeben, nehmen diese Eindrücke eine äußere Form an. Eingedenk dieser Tatsache sollten wir uns also bemühen, in unserem Geist eine Motivation zu erzeugen, die uns hilft, unsere schlechten Angewohnheiten in ein von ethischen Grundsätzen und Großzügigkeit geprägtes Verhalten umzuwandeln. Und allmählich werden wir feststellen, dass Glück und innerer Frieden weniger von äußeren Umständen abhängen als davon, was sich in unserem Geist abspielt.

ཨོཾ་མ་ཎི་པདྨེ་ཧཱུྃ

Wenn allein schon der Wunsch,
die Wesen nur von Kopfschmerzen zu befreien,
so heilsam ist, dass er uns unvorstellbare Verdienste
ansammeln lässt,
wie viel mehr gilt dies erst für den Wunsch,
alle Wesen vom Leiden zu befreien
und sie zum Erwachen zu führen?
Wenn allein die bloße Absicht, anderen zu helfen,
verdienstvoller ist, als den Buddhas Opferungen darzubringen,
wie segensreich ist es dann, wenn wir alles aufbieten,
um das Glück und das Erwachen jedes einzelnen Wesens
ohne Ausnahme zu verwirklichen?

Shantideva

Die beste Entscheidung: Mitgefühl

Wahres Mitgefühl entfaltet sich spontan gegenüber allen leidenden Wesen, ob Mensch oder Tier. Es entsteht aus dem Wunsch, alles in unserer Kraft Stehende zu tun, den Wesen dabei zu helfen, sich vom Leiden und seinen Ursachen zu befreien und die Erleuchtung zu erlangen. Mitgefühl kann jeder entwickeln.

Diejenigen, die dem Mahayana- oder Vajrayana-Buddhismus folgen, üben und verpflichten sich hierzu durch das Ablegen der Bodhisattva-Gelübde. Dabei wiederholt man folgenden Vers des berühmten indischen Meisters Shantideva: »Solange der Raum besteht und die fühlenden Wesen in ihm, möge auch ich im Daseinskreislauf verweilen, um den Wesen zu helfen, das Leid und seine Ursachen zu überwinden und das Glück und seine Ursachen zu finden.«

Aus Mitgefühl wünscht der Bodhisattva, der fortgeschrittene Schüler auf dem Pfad des Buddha, die Wesen vom Leid und den Ursachen des Leides zu befreien. Aus Liebe wünscht er, ihnen dabei zu helfen, das Glück und die Ursachen des Glücks zu finden. Liebe und Mitgefühl sind untrennbar verbunden und ergänzen einander, so wie der Vogel zwei Flügel braucht, um fliegen zu können, wie der große Shantideva lehrt.

ཨོཾམཎིཔདྨེཧཱུྃ

Die vollkommen Erwachten haben gelehrt: »Das Ich existiert«,
aber sie haben auch gelehrt: »Das Ich existiert nicht«.
Sie haben ferner erklärt,
dass weder Ich noch Nicht-Ich existieren.
Alles ist wahr und nicht wahr,
nicht wahr und wahr zugleich,
weder wahr noch nicht wahr.
Das ist die Lehre des Erwachten.

Nagarjuna

Sein oder Nichtsein, das ist hier die Frage

Wir alle fragen uns dann und wann, wer oder was wir sind, welchen Platz wir in der Welt einnehmen und was nach dem Tod mit uns geschieht.

Wenn wir diese Gelegenheiten dazu nutzen, dieses »Ich« zu beobachten und seine wahre Natur zu untersuchen, werden wir feststellen, dass wir es nicht irgendwo finden und auch nicht exakt definieren können. Der Buddhismus lehrt, dass das »Ich« auf der Ebene der absoluten Wahrheit nur in Abhängigkeit von Ursachen und Bedingungen existiert und keine eigenständige, dauerhafte Natur besitzt. Auf der Ebene der relativen Wahrheit ist »Ich« lediglich ein Begriff und existiert nur als reine Zuschreibung. Wir dürfen also nicht bei der oberflächlichen Wahrnehmung, die wir von unserem »Ich« haben, stehen bleiben. Unser »Ich« ist das Produkt einer Reihe von Ursachen und Bedingungen.

Auf der Ebene der relativen Wahrheit betrachtet man die Phänomene nach ihrer Erscheinungsform. Die relative Wahrheit beschreibt deren illusorische Natur. Die absolute Wahrheit hingegen untersucht ihr Sein und ihre absolute Natur, also die Leerheit, sowie die Tatsache, dass die beiden Wahrheiten nur in wechselseitiger Abhängigkeit bestehen.

Die beiden Ebenen der Wahrheit sind stets miteinander verknüpft. Sie sind beide nötig, um die Natur der Phänomene, zum Beispiel die wahre Natur des »Ich«, zu erklären und zu bestimmen. Auf diese Art und Weise kann man die Wirklichkeit der Phänomene begreifen und sich ihr annähern. Das »Ich«

existiert also auf der Ebene der absoluten Wahrheit nicht, doch besitzt es eine relative Existenz auf der Ebene der sichtbaren Erscheinungen.

ཨོཾམཎིཔདྨེཧཱུྃ

Wer in sich einen guten Geisteszustand entstehen lässt,
erhält unermesslich positive Ergebnisse.
Auf welche Hindernisse sie auch treffen,
nie entsteht Schlechtes im Geiste der Bodhisattvas,
und ihre Tugenden vermehren sich auf natürliche Weise.
Vor dem Körper desjenigen,
in dem dieses heilige Geistjuwel entstanden ist,
vor dem Buddha, der selbst jenen Gutes tut, die ihm schaden,
vor ihm werfe ich mich nieder,
zu dieser Quelle des Glücks nehme ich Zuflucht.

Shantideva

Durch Selbstliebe zur Nächstenliebe

Der Buddhismus lehrt, dass alle Wesen und alle Phänomene wechselseitig voneinander abhängig sind. Wenn ich Ihnen also sage, dass Liebe und Mitgefühl alle Wesen einschließen, so bedeutet dies, dass Sie sich selbst nicht ausnehmen dürfen. Wie sollten Sie auch anderen gegenüber Liebe und Mitgefühl empfinden können, wenn es Ihnen unmöglich wäre, sich selbst gegenüber Liebe, Nachsicht, Mitgefühl und Respekt zu verspüren? Sie müssen daher alles in Ihren Kräften Stehende tun, um sich vom Leid zu befreien und die Ursachen des Glücks zu verwirklichen. Auch das gehört zum Gesetz der wechselseitigen Abhängigkeit.

Wenn Sie sich selbst gegenüber liebevoll und mitfühlend sind, so blähen Sie dadurch weder Ihr Ego noch Ihren Stolz auf. Sie behandeln nur alle Wesen, sich selbst eingeschlossen, ganz unvoreingenommen auf die gleiche angemessene Weise.

ཨོཾ་མ་ཎི་པདྨེ་ཧཱུྃ

Nicht endender, nicht vergänglicher, nicht versiegender
Friede.
Achtsamkeit, Erkennen der Phänomene, Beharrlichkeit,
Freude, Anpassungsfähigkeit, Sammlung und Gleichmut
sind die sieben Erleuchtungsglieder.
Das Ansammeln von Verdiensten ist die Ursache für das
Erlangen des Nirvana.
Es gibt keine Meditation ohne Weisheit und keine Weisheit
ohne Sammlung.
Rechte Sicht, rechter Lebenserwerb, rechte Anstrengung,
rechte Achtsamkeit, rechte Sammlung, rechte Rede,
rechtes Handeln und rechtes Denken sind die acht Glieder
des Pfades.
Übe dich darin, um Frieden zu erlangen.

Nagarjuna

Dem Beispiel der Mutter folgen

Während ihrer Schwangerschaft sollte eine künftige Mutter in einer ruhigen, friedvollen Atmosphäre leben, damit der Embryo sich ausgeglichen entwickeln kann. Gleiches gilt für die Stillzeit. Medizinische und andere wissenschaftliche Untersuchungen zur Mutter-Kind-Beziehung haben ergeben, dass ein ständiger warmherziger, liebevoller Kontakt zwischen Mutter und Kind ganz entscheidend dafür ist, dass sich das Gehirn des Säuglings harmonisch entwickelt und das Kind körperlich und emotional gedeiht. Sein Überleben hängt von der natürlichen Regung des Mitgefühls ab, das die Mutter gewöhnlich empfindet.

Die Liebe einer Mutter zu ihrem Kind ist nicht an Bedingungen oder Erwartungen geknüpft und mit großer Klarheit verbunden. Sie hat die Verantwortung für ihr Kind und tut alles, was in ihren Kräften steht, um dessen Wohlergehen und Glück sicherzustellen. Das Baby ist ganz und gar auf diese liebende Zuwendung angewiesen, um heranwachsen zu können.

Die meisten von uns haben von ihrer Mutter Liebe und Mitgefühl erfahren. Wir können uns diese Erfahrung zum Vorbild nehmen und auf dieser Grundlage erste Ansätze von liebender Güte gegenüber anderen entwickeln. Das ist allerdings nur der erste Schritt. Die wahre Arbeit an uns selbst besteht darin, dass wir diesen Samen, der in uns gelegt wurde, zum Treiben bringen und in unserem Geist ein Gefühl grenzenlosen Mitgefühls gegenüber anderen heranziehen – und darin, dass wir in jedem Augenblick allen die gleiche freudige Aufmerksamkeit entgegenbringen. Dies zeigt uns die Liebe der Mutter zu ihrem Kind.

ཨོཾ་མ་ཎི་པདྨེ་ཧཱུྃ

Obwohl alle fühlenden Wesen frei sein wollen von
Leid,
jagen sie der Ursache des Leides nach.
Allen, die des Glücks entbehren
und von vielfältigem Leid bedrückt werden,
schenkt der Erleuchtungsgeist grenzenlose Freude.
Er reißt alles Leiden mit der Wurzel aus
und beseitigt Verwirrung.
Kann es eine größere Tugend geben?

Shantideva

Lernen, Mitgefühl zu entwickeln

Die meditative Schulung des Mitgefühls vollzieht sich in bestimmten Stufen, die wir einhalten sollten. Anfangs lernen wir zunächst, jenen gegenüber Mitgefühl zu empfinden, die uns nahestehen. Danach dehnen wir dieses Gefühl auf einen größeren Kreis von Menschen aus. Schließlich üben wir uns Schritt um Schritt darin, Mitgefühl mit einer unendlichen Anzahl von fühlenden Wesen zu empfinden.

Um dieses Ziel zu erreichen, müssen wir dieser Übung viel Zeit widmen. Dennoch: Üben allein genügt nicht. Wir müssen auch die Unterweisungen, die der Buddha und die buddhistischen Meister zu diesem Thema gegeben haben, kennen und uns damit auseinandersetzen. Wir müssen eingehend untersuchen, worin wahres Mitgefühl besteht, um unsere Praxis zu stützen. Die gedankliche Auseinandersetzung mit buddhistischen Lehrtexten hilft uns zu verstehen, wie wichtig es ist, anderen gegenüber ein Gefühl echter Anteilnahme zu entwickeln. Die Meditation wiederum ermöglicht es uns, die grundlegende Natur des Mitgefühls direkt zu erfahren, und verändert auf natürliche Weise unser Verhalten anderen gegenüber. Wir werden fähig, das Richtige zu tun und anderen zu helfen, ohne uns von ihren Problemen vereinnahmen zu lassen. Und das ist auch gut so, denn anderenfalls wäre unser Tun schließlich völlig nutzlos.

Mitgefühl muss also zuerst im Geist entstehen, bevor es sich ausdehnen kann und in unserem Leben wirksam wird.

ཨོཾ་མ་ཎི་པདྨེ་ཧཱུྃ

Im Wissen, dass aller Besitz vergänglich und ohne Substanz
ist,
übe dich in Großzügigkeit ...
Es gibt keinen besseren Freund als die Tugend des Gebens.

Nagarjuna

Unsere natürliche Gutheit entdecken

Die menschliche Natur ist grundlegend gut. Aber damit diese Gutheit sichtbar wird, müssen wir von Kindesbeinen an lernen, Qualitäten wie Mitgefühl, Großzügigkeit, Liebe und Toleranz zu entwickeln.

Dieser Gedanke und auch die Mittel, die geistiges Glück bewirken, sollten Kinder im Rahmen ihrer Erziehung vermittelt bekommen. So gilt es beispielsweise, sie zu lehren, was Emotionen sind, welche Wirkung Gefühle auf den Geist haben und wie sie unser Verhalten beeinflussen. Doch in der Praxis geschieht dies nur selten. Allzu oft trainieren die Erziehenden nur den Verstand der Kinder, erklären ihnen aber nicht, wie man sich innerlich wandeln kann, damit die Kleinen lernen, wie man gute Beziehungen zu anderen aufbauen kann.

Haben wir die »Intelligenz des Herzens« einmal entwickelt, ermöglicht sie uns, Mittel und Wege zu finden, um Konflikte zu überwinden und Toleranz zu zeigen. Sie weist uns den Weg, wie wir menschliche, konstruktive Schritte unternehmen, um Frieden in der Welt zu schaffen.

Diese Dinge geben dem Leben einen Sinn und machen Ihren Umgang mit anderen einfacher und entspannter, vor allem, wenn Sie sich bemühen, in Ihrem Gegenüber stets das Gute zu sehen. Jeder Augenblick ist einzigartig und kostbar – warum also Zeit mit sinnlosen Konflikten vergeuden? Setzen Sie Ihre Prioritäten in diesem Sinne neu.

ༀམཎིཔདྨེཧཱུྃ

Verständnis wird durch Lernen erworben,
doch müssen wir von diesem Verständnis guten Gebrauch machen.
Wir müssen das Gelernte mit großer Entschlossenheit in die Praxis umsetzen.
Allein darauf kommt es an.

Tsongkhapa

Den Geist trainieren wie ein Leistungssportler

Wenn wir lernen wollen, unseren Geist und unsere negativen Gefühle zu meistern, so ist das eine Aufgabe, die Zeit, Disziplin und Mut erfordert. Dies mag vor dem Hintergrund unseres modernen, von vielen Aktivitäten erfüllten Lebens schwierig erscheinen, doch wenn Sie fest entschlossen sind, ist es durchaus möglich. Dann werden Ihre täglichen Pflichten zu Werkzeugen, die Sie bei der Umwandlung Ihres Geistes unterstützen. Jeder Augenblick wird zur Gelegenheit, zu üben und Fortschritte zu machen.

Wollen Sie Sport treiben, ins Kino gehen oder in den Urlaub fahren, organisieren Sie sich entsprechend, alles läuft bestens und Sie sind mit der Lösung zufrieden. Wenn Sie nun den Wunsch haben, Ihren Geist umzuwandeln, dann werden Sie auch dafür Zeit finden. Anfangs mag Ihnen dieses Vorhaben noch schwierig erscheinen. Aber je entschlossener und klarer Ihre Motivation wird, desto leichter fällt Ihnen die Sache. Ihre Konzentration intensiviert sich, Sie verweilen mit größerer Achtsamkeit im Augenblick und dies spiegelt sich in Ihrem Tun und in Ihrem Verhalten anderen gegenüber wider. Sie werden sich heiterer und friedvoller fühlen, was ein Zeichen für Ihren inneren Fortschritt ist.

Mitgefühl wurzelt in einem Geisteszustand, der frei ist von jeder Aggressivität. Mitgefühl ist eine positive geistige Einstellung, die auf den Wunsch gründet, dass die anderen frei von Leiden sein mögen. Je mehr Mitgefühl gegenüber anderen Menschen wir erzeugen, desto freier, glücklicher und gelassener fühlen wir uns. Das kann jeder an sich selbst überprüfen. Sobald wir uns im Entwickeln von Mitgefühl versuchen, erkennen wir seinen wahren Wert. Unsere Haltung ändert sich, wir werden offener, und alles, was wir anpacken, scheint uns nun leichter von der Hand zu gehen. Darum müssen wir uns in Mitgefühl üben, damit es uns zur Selbstverständlichkeit wird.

ཨོཾ་མ་ཎི་པདྨེ་ཧཱུྃ

Das Dasein ist zahllosen Leiden unterworfen
und vergänglicher als eine Seifenblase,
die vom Wind herumgetrieben wird.
Alles ist unbeständig und in sich bar jeder Existenz.
Entwickle daher Gleichgültigkeit gegenüber dem Kreislauf der Existenzen.
Lasse dich an einem der Praxis günstigen Ort nieder,
stütze dich auf vollkommene Wesen,
sei von der Lehre erfüllt
und strebe danach, dass deine Taten zu deinen Gunsten sprechen.
Vertraue auf die Weisen
und trachte, dem Werden ein Ende zu setzen.
Es gibt kein besseres Vorhaben als dieses.

Nagarjuna

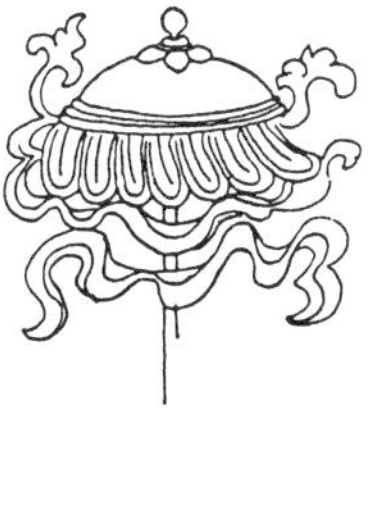

Kernpunkt ist die wechselseitige Abhängigkeit

Die Lehre von der wechselseitigen Abhängigkeit stellt eines der Grundprinzipien buddhistischer Philosophie dar. Weit davon entfernt, ein bloßes gedankliches Konstrukt zu sein, formuliert dieses Gesetz ein sehr tiefgehendes Verständnis der Wirklichkeit und hat entscheidenden Einfluss auf unsere Sicht des Daseins.

Jedes Wesen und jedes Ding existiert nur in Abhängigkeit von anderen Wesen, von der übrigen Welt und der Natur im Allgemeinen. Nichts existiert an sich, alles hängt von einer Reihe von Ursachen und Bedingungen ab, die ihrerseits wiederum in einem kausalen Zusammenhang stehen.

Die Welt der Erscheinungen verändert sich unaufhörlich, auch wir ändern uns ständig. Nichts ist von Dauer, das ist die Natur der Dinge. Dies zu wissen ermöglicht uns, die Erfahrungen unseres Lebens mit einem größeren, offeneren Blickwinkel zu sehen und uns verantwortlicher zu verhalten.

Gewöhnlich suchen wir bei allem, was uns widerfährt – sei es gut oder schlecht –, nach einer Hauptursache dafür. Dann bieten wir unsere ganze Kraft auf, um diese zu beseitigen. Doch sobald wir verstehen, wie das Gesetz der wechselseitigen Abhängigkeit funktioniert, können wir unsere Erfahrungen relativieren und eine umfassendere Sicht der Situation erlangen, mit der wir konfrontiert sind. Wir stellen fest, dass eine bestimmte Wirkung niemals nur eine einzige Ursache hat, sondern dass zu ihrem Zustandekommen eine unendliche Anzahl von Ursachen und Bedingungen erforderlich gewesen ist. Daher können wir auch nicht behaupten: »Der andere trägt die Schuld«, oder: »Die Umstände sind dafür verantwortlich«.

Das Gesetz der wechselseitigen Abhängigkeit beschreibt die wahre Natur der Dinge. Wenn wir es verstehen, dann werden wir fähig, die Wirklichkeit so zu akzeptieren, wie sie tatsächlich funktioniert. Dies wiederum führt auf ganze natürliche Weise dazu, dass wir unser Denken und Handeln ändern und verantwortungsvollere Menschen werden.

ཨོཾ་མ་ཎི་པདྨེ་ཧཱུྃ

Im Spiegel, der dem Mandala des freudvollen Geistes gleicht,
erscheinen die Objekte, die das freudvolle Bewusstsein spiegelt,
auf dieselbe Weise, wie sich die leuchtende Form des Mondes am wolkenlosen Himmel im klaren Wasser zeigt.

Letzte Belehrung des 3. Dalai Lama Sönam Gyatso

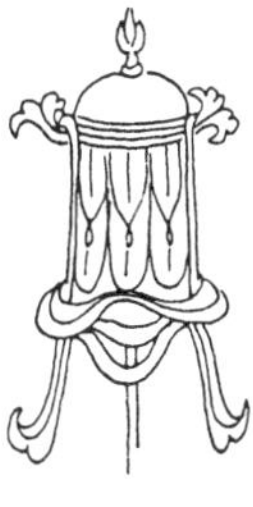

Fortschritt mit Methode

Solange es uns an der rechten Motivation und fundiertem Wissen fehlt, auf das wir uns stützen können, nützt es uns wenig, über eine erstklassige Methode zu verfügen oder effiziente Techniken zu beherrschen.

Die Motivation richtet unsere Anstrengungen auf ein bestimmtes Ziel aus.

Wissen ist der Führer auf dem Pfad, der uns die Verwirklichung unseres Vorhabens ermöglicht.

Nirvana, die Befreiung vom Leiden, ist das höchste Ziel, nach dem Buddhisten streben. Der Wunsch, das Nirvana zu erlangen, heißt nicht, dass wir uns auch in materieller und emotionaler Hinsicht kein glückliches, erfülltes Leben wünschen sollen. Beispielsweise ist es sehr schwierig, ohne Geld zu leben. Andererseits sollten wir uns bemühen, dem Finanziellen nicht ganz so viel Platz einzuräumen, wie es die meisten Menschen auf dieser Welt tun. All das ist eine Frage der Ausgewogenheit, eines angemessenen Mittelweges. Wir sollten stets allen Faktoren einer bestimmten Situation Rechnung tragen.

Ganz allgemein gesagt sollten wir uns immer von Neuem ins Gedächtnis rufen, dass wir, wenn wir Glück erlangen wollen, auf positive, großzügige Weise handeln oder dies zumindest so oft wie möglich versuchen sollten. Dann fallen auch die Konsequenzen unserer Handlungen positiv aus.

ཨོཾ་མ་ཎི་པདྨེ་ཧཱུྃ

Ähnlich einem Blitz in wolkendunkler Nacht,
der den gesamten Raum für einen flüchtigen Augenblick
erhellt,
scheinen heilsame Gedanken nur kurz in dieser Welt auf.
Daher ist das Heilsame stets schwach und
die Macht der Verwirrung unerschöpflich.
Nur das vollkommene Erwachen vermag sie zu bezwingen.

Nagarjuna

Eifersucht und störende Gefühle aufgeben

Es gehört zu den mannigfaltigen Zügen der menschlichen Natur, sich über fremdes Unglück zu freuen. Ein solches Verhalten, in dem sich ein tief sitzender Neid, eine grenzenlose seelische Gewalt ausdrückt, zeigt, dass es dem Geist an Reife mangelt.

Gewalt erzeugt neue Gewalt. Dies sollten wir nicht vergessen, denn ist unser Geist erst unter den Einfluss zerstörerischer Emotionen geraten, ist es schnell zu spät, ihren Auswirkungen zu entgehen. Wir müssen also herausfinden, wodurch diese Emotionen ausgelöst werden, und ihnen gegensteuern, und zwar bevor sie auftreten und unser Verhalten zu beherrschen beginnen.

Neid hat zahlreiche Aspekte. Allen gemeinsam ist, dass sie im Leben derer, die davon beherrscht werden, viel Leid verursachen. Neid oder auch Eifersucht stürzt die Betroffenen in endlose Qualen, lässt sie weder Frieden noch Glück finden und zehrt unaufhörlich an ihnen. Ihr Neid ist wie ein spitzer Stachel, der sie ständig vorwärtstreibt, immer noch mehr zu wollen. Ständig unzufrieden und unglücklich vergleichen sie sich unausgesetzt mit anderen. Sie wollen haben, was andere haben, und möchten mit ihnen in jeder Hinsicht gleichziehen.

Um dieses Geistesgift umzuwandeln, ist es erforderlich, ein Gegenmittel anzuwenden: Wir müssen lernen, mit dem zufrieden zu sein, was wir haben. Die ersten Schritte in diese Richtung erscheinen uns sehr mühsam. Doch bald – wenn wir erst merken, welche Erleichterung es ist, nicht mehr unter dem schrecklichen Joch von Neid und Begierde zu stehen –, wird uns unsere Übung nicht nur leichter fallen, wir werden sogar Gefallen daran finden, weil unser Leben dadurch harmonischer wird.

Allerdings ist das nur eine erste Stufe. Der einzige Weg, um uns endgültig von dieser und anderen negativen Emotionen zu befreien, besteht darin, nach dem Erkennen der wahren Natur der Wirklichkeit zu streben. Befreien wir uns von unserer grundlegenden Unwissenheit, so befreien wir uns dadurch auch von allen negativen Emotionen.

ༀ་མ་ཎི་པདྨེ་ཧཱུྃ

Unterschätze niemals
auch nur die kleinste Geste der Güte.
Tropfen um Tropfen füllt man am Ende
selbst den größten Krug.

Patrul Rinpoche

Der gewöhnliche Geist, ein Dieb in einem leeren Haus

Unser gewöhnlicher Geist lässt sich mit einem Dieb in einem leeren Haus vergleichen. Er ist rastlos, geprägt von einer nur bruchstückhaften Wahrnehmung der Wirklichkeit, gefärbt von den jeweils vorherrschenden geistigen Projektionen. Diese Projektionen hängen mit unseren fünf Sinnesorganen zusammen sowie mit unserem Denken, das als sechste Sinnesfunktion angesehen wird. Wir springen ständig von einem Sinneseindruck zum nächsten wie ein Affe, der von Ast zu Ast hüpft. Das ist sehr anstrengend, weil wir uns – von den Ereignissen der Außenwelt völlig in Anspruch genommen – nicht die Zeit nehmen, unsere Empfindungen genauer zu betrachten.

Die wahre Natur des Geistes ist leuchtend und weit wie der Raum. Sie ist unabhängig von Form, Empfindung, Emotion oder Farbe. Jenseits von Worten und Begrifflichkeiten entzieht sie sich jeder Definition. Doch können wir sie durch Meditation, die höchste und subtilste Form der Bewusstheit, erfahren. Wir können keinen Ort angeben, an dem der Geist »säße«. Doch wir können seinen Geschmack in der Gelöstheit und Energie erfahren, die uns aus der Meditation zufließt. Dies wiederum ist Frucht des inneren Friedens, der sich durch Meditation einstellt.

ཨོཾམཎིཔདྨེཧཱུྃ

Ich muss mit aller Kraft
die Gleichheit von »Ich« und »anderen« verwirklichen,
sie schützen, wie ich mich schütze.
Was Glück und Leid angeht, sind wir alle gleich.
Alle Wesen wünschen sich Glück.
Ich muss ihr Leiden beseitigen,
denn ihr Leid ist auch das meine.
Uns alle verbindet derselbe Wunsch nach Glück,
daher kann ich mich nicht damit begnügen,
nur nach meinem Glück zu streben.
Wir alle gleichen uns darin, dass wir Leid vermeiden wollen.
Daher geht es nicht an, dass ich mich vor Leid schütze, die anderen aber nicht.

Shantideva

Der andere, unser höchstes Gut

Wir brauchen unsere Mitmenschen. Im Umgang mit ihnen lernen wir, Geduld, Toleranz und Mitgefühl zu entwickeln. Durch die Entfaltung dieser Tugenden sammeln wir Verdienste an – eine Art Rückvergütung aus unseren konstruktiven Handlungen. Die Verdienste, die wir im Laufe verschiedener Existenzen erwerben, haben günstige Wiedergeburten zur Folge. Gute zwischenmenschliche Beziehungen zu pflegen ist also von entscheidender Bedeutung. Dies gelingt uns, wenn wir unsere Vernunft zu Hilfe nehmen und uns in die Lage des anderen versetzen. Dazu müssen wir einen Moment lang von unserem Standpunkt abrücken und den unseres Gegenübers einnehmen, um diesen Menschen und seine Gefühle, seine Reaktionen, Ängste, Leiden und Enttäuschungen zu verstehen. Das macht es leichter, bestehende Konflikte aufzulösen, sei es in der Partnerschaft, im Freundeskreis oder am Arbeitsplatz.

Das Gesetz der wechselseitigen Abhängigkeit der Wesen und Erscheinungen lehrt, dass die anderen für uns unverzichtbar und notwendig sind, schließlich sind sie auf allen Ebenen unseres Daseins mit uns verbunden. Wenn wir diese Tatsache verstehen und akzeptieren, werden wir ein Gefühl der Dankbarkeit jenen gegenüber empfinden, mit denen wir verbunden sind. Wir fürchten uns weniger vor Einsamkeit, und es fällt uns leichter, an der Umwandlung unseres Geistes zu arbeiten. Wir verdanken es also den anderen, dass wir uns vom Leiden befreien und das Glück der Erleuchtung erlangen können.

ཨོཾ་མ་ཎི་པདྨེ་ཧཱུྃ

Glück und Leiden entstehen aus Ursachen und Bedingungen.
Es besteht eine eindeutige, unleugbare Beziehung zwischen einer Handlung und ihren Folgen.
Glück und Leid sind die Folge von Tugend beziehungsweise Nichttugend,
und die vielfältigen Formen von Glück und Leid
sind die Folgen einer Vielzahl entsprechender Handlungen.
Dies ist die rechte Sichtweise aller Schüler des Buddha.
Diese Sichtweise wird gepriesen als die Grundlage aller guten Eigenschaften.

Tsongkhapa

Die wahre Natur des Mitgefühls erfahren

Mitgefühl zu empfinden heißt, dass man das Leid des anderen als unerträglich empfindet. Aus diesem Gefühl heraus entsteht in uns der Wunsch, alle Wesen vom Leid zu befreien und ihnen zu helfen, Erleuchtung zu erlangen.

Wirkliches Mitgefühl ist unvoreingenommen und macht keinen Unterschied zwischen den Wesen. Wie auch wir wollen alle Wesen glücklich sein und nicht mehr leiden müssen. Wir alle haben die gleichen Wünsche und auch die gleichen Rechte.

Echtes Mitgefühl ist ungeheuer kraftvoll. Es ist unkompliziert, tief und beständig. Es wird weder von dem beeinflusst, was wir geistig auf andere projizieren, noch von den äußeren Umständen. Daher müssen wir bei anderen Menschen unterscheiden zwischen ihrem Verhalten und dem, was sie wirklich, also ihrer wahren Natur nach, sind. Wenn wir nur darauf schauen, wie eine Person sich nach außen hin verhält, wird es schwierig, uneingeschränktes und dauerhaftes Mitgefühl zu entwickeln, denn dann hängt die Qualität unseres Mitgefühls stets davon ab, wie man uns gerade behandelt.

Mitfühlend zu handeln bedeutet, sein Bestes zu geben – unter welchen Umständen auch immer und ohne eine Gegenleistung zu erwarten. Wir sollten nicht glauben, dass wir das nicht schaffen können. Wir haben unermessliche Quellen zu unserer Verfügung. Wir können uns in einer Weise selbst übertreffen, die weit über unsere Vorstellungen hinausgeht.

Unsere Fähigkeit zu geben, zu lieben und Mitgefühl zu empfinden, hat auch Auswirkungen auf unser emotionales Gleichgewicht und unsere Gesundheit.

Geben ist ein Quell grenzenloser Freude. Sie müssen es nur ausprobieren, um sich selbst davon zu überzeugen.

ཨོཾ་མ་ཎི་པདྨེ་ཧཱུྃ

Wer sich und alle anderen retten will,
sollte das große Geheimnis praktizieren:
den Austausch zwischen »Ich« und anderen.
Alle freudvollen Erfahrungen dieser Welt
erwachsen aus dem Wunsch, das Glück der anderen zu sichern.
Alle leidvollen Erfahrungen dieser Welt
entstehen aus dem Wunsch, das eigene Glück sicherzustellen.

Shantideva

Mut zum Altruismus

Eine altruistische Geisteshaltung hat zwei »Ausrichtungen«. Man liebt seinen Nächsten, vergisst dabei aber nicht, sich selbst zu schätzen. Wir üben uns in liebender Güte und Mitgefühl, vergessen dabei jedoch nicht, auch auf uns selbst zu achten.

Nur der Mensch ist zu einer uneigennützigen Haltung fähig. Altruismus meint hier die grundlegende Gutheit, die in jedem Menschen angelegt ist. Sie ist das Gegenteil von Egoismus, der in seiner Engstirnigkeit und Dummheit unendliches Leid verursacht.

Wenn wir glücklich sein wollen, müssen wir also Mitgefühl entwickeln. Würden wir uns dadurch noch mehr Leid aufbürden, könnte man den Wert des Mitgefühls zu Recht in Frage stellen, doch die Erfahrung zeigt, dass dem nicht so ist. Beschäftigen wir uns ausführlicher mit der Bedeutung des Mitgefühls, so verstärkt dies unsere Entschlossenheit, uns in der Praxis der Freigebigkeit zu üben, da wir ihre positiven Auswirkungen erkennen. Wenn wir einer Person etwas schenken, geht es nicht nur ihr besser, sondern auch uns selbst, da der Akt des Gebens in uns ein Gefühl der inneren Befriedigung und Freude erzeugt. Diese Freude wird zur Ursache von Gelassenheit und innerem Frieden.

Alle Wesen und alle Phänomene sind wechselseitig miteinander verbunden. Unser eigenes Glück ist folglich aufs Engste mit dem der anderen verknüpft. Bemühen wir uns also um eine altruistische Haltung, die unser Herz mit Freude erfüllt.

ༀམཎིཔདྨེཧཱུྃ

Alle Erscheinungen sind mit Worten und Begriffen unfassbar,
leer, befriedet und rein.
So sehen die Buddhas und Bodhisattvas sie.
Die höchste Wirklichkeit ist gleichzeitig vollkommene
Leerheit.
Warum also das Gesetz der wechselseitigen Abhängigkeit
der Wesen und Erscheinungen lehren,
das Gesetz der Kausalität, demzufolge nichts aus sich
heraus existiert …
da man doch alles verwerfen soll, was nicht der absoluten
Wirklichkeit entspricht?
Weil man ohne diese Lehre nicht zur absoluten Bedeutung
vordringen und diese vermitteln könnte,
weil man ohne sie nicht zur Beendigung des Leidens und
seiner Ursachen gelangen und das Erwachen
verwirklichen könnte.

Chandrakirti

Meditation, der Schlüssel zur inneren Wandlung

Wollen wir unseren Geist wirklich umwandeln, so geht dies nicht ohne Meditation. Meditation ist der Schlüssel zur Wandlung. Das Gebet, das Rezitieren von Mantras und das Studium buddhistischer Texte allein genügen noch nicht, um eine erkennbare und dauerhafte innere Veränderung herbeizuführen.

Zu diesem Zweck müssen wir jeden Tag und regelmäßig meditieren. Worauf es allerdings ankommt, ist die Qualität der Meditation, nicht die Dauer der einzelnen Sitzung. Meditieren bedeutet, »den Geist an etwas zu gewöhnen«. Das Wesen der Meditation besteht darin, dass wir den Geist darin üben, sich zu ändern. Da jede Veränderung ihre Zeit braucht, ist es wichtig, dass wir unsere Praxis als Langzeitprojekt anlegen. Es empfiehlt sich, morgens an einem ruhigen Ort zu meditieren, bevor man den Tag beginnt. Beim Meditieren ist unser Geist zugleich das Werkzeug, mit dem wir arbeiten, und das Material, das bearbeitet wird. Daher ist es besser, wenn er noch klar und frisch ist.

Es gibt verschiedene Formen der Meditation. In der analytischen Meditation machen wir beispielsweise von unserer Denkfähigkeit Gebrauch. Diese Art der Meditation ist nicht ausschließlich Buddhisten vorbehalten. In der westlichen Wissenschaft spielt das rationale Denken eine ebenso wichtige Rolle wie im Buddhismus.

Eine andere Form der Meditation ist es, sich auf ein einzelnes Objekt zu konzentrieren, damit der Geist lernt, sich zu sammeln, und dadurch zur Ruhe kommt. Diese Technik empfiehlt sich zum Beispiel, wenn wir unruhig oder ängstlich sind. Unser Geist hat die Gewohnheit, ständig nach außen zu blicken, zu kritisieren, sich in der Außenwelt zu verlieren – das erzeugt innere Unruhe. Meditation hilft uns dabei, uns zu konzentrieren, den Geist wieder nach innen zu holen und dort verweilen zu lassen. Dadurch kommen wir zur Ruhe. Wir schauen unseren Gedanken zu, wie sie kommen und gehen, ohne uns auf sie einzulassen. Das ist ein bisschen so, als würden wir dem Kommen und Gehen der Meereswellen zusehen. Es ist sehr wohltuend und lässt uns mit anderen Augen auf die Welt und unsere zwischenmenschlichen Beziehungen blicken. Es liegt allein an uns, ob wir uns in den verschiedenen Meditationstechniken üben und uns von Grund auf ändern wollen.

ཨོཾ་མ་ཎི་པདྨེ་ཧཱུྃ

Wenn wir auf Schwierigkeiten stoßen,
ist es nutzlos, sich deshalb Sorgen zu machen.
Gibt es eine Lösung, werden wir sie finden,
gibt es keine, wozu machen wir uns dann Sorgen?

Shantideva

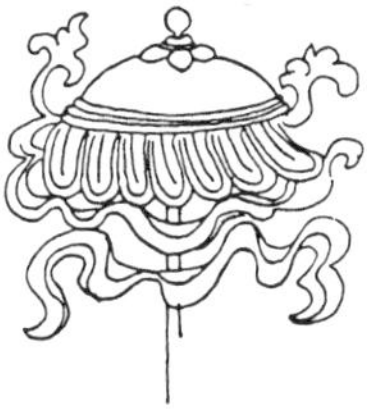

Keine Gewähr für gewöhnliches Glück

Gewöhnliches Glück ist das Resultat alltäglicher Wünsche und Begierden. Nun liegt es in der Natur der gewöhnlichen Begierde, dass sie niemals wirklich Befriedigung findet. Werden wir von ihr beherrscht, sind wir ständig unzufrieden. Das mit ihr verbundene Glücksempfinden ist kurzlebig und verlangt ununterbrochen nach Nachschub. Auf dieser Ebene ist das nicht anders möglich. Dauerhaftes Glück lässt sich so nicht finden.

Wahres Glück hängt weder von einem anderen Wesen noch von einem äußeren Objekt ab, sondern nur von uns selbst, von unserem Geist. Wollen wir geistigen Frieden entwickeln, müssen wir lernen, unseren Blick und unsere Gedanken nach innen zu richten. So üben die Objekte unserer Sinne und die gewöhnlichen Wünsche und Begierden immer weniger Anziehungskraft auf uns aus. Dann können wir jenen beständigen, dauerhaften inneren Frieden entwickeln, der allein es uns ermöglicht, in jeder Situation glücklich zu sein.

Materieller Besitz und angenehme Lebensumstände können uns kein dauerhaftes Glück sichern, denn Leiden und Probleme sind nun einmal unvermeidlich. Doch wenn Sie wissen, wie Sie Ihren Geist disziplinieren und zufrieden sein können mit dem, was Sie haben, leben Sie mit sich selbst und Ihrer Umwelt in Frieden. Und Sie werden selbst dann noch glücklich sein, wenn sich Ihre Lebensumstände verschlechtern.

ཨོཾམཎིཔདྨེཧཱུྃ

Erfreue dich an Tugend und Glück der Wesen.
Widme dich ganz der Aufgabe, die leidenden Wesen zur Erleuchtung zu führen.
Dies ist die Aktivität des mächtigen, mitfühlenden Avalokiteshvara,
der die Grundlagen von Weisheit, ethischem Handeln und Großzügigkeit
auf der Erde und in allen himmlischen Regionen gelehrt hat.
Wirke mit, den endlosen Kreislauf von Geburt und Tod zu beenden,
dem alle Wesen ebenso unterworfen sind wie der Vergänglichkeit.

Nagarjuna

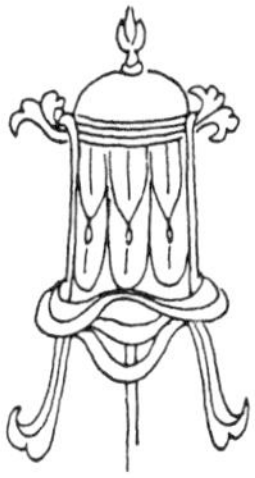

Abrüstung beginnt mit innerem Frieden

Machthunger bedeutet, dass wir den Wunsch haben, immer mehr zu besitzen, sei es im Hinblick auf unsere Arbeit, unsere soziale Stellung oder unsere Beziehungen zu anderen. Dieser Wunsch hat zur Folge, dass wir uns zunehmend im Wettbewerb mit anderen fühlen und uns ihnen gegenüber negativ verhalten, ohne die Folgen solcher Handlungen zu bedenken. Dies zeugt von einer ausgesprochen aggressiven Einstellung uns selbst und anderen gegenüber.

Ein derartiges Machtbedürfnis entsteht aus einem übersteigerten Ich-Gefühl, das uns glauben lässt, wir existierten auf eine selbstständige, von unseren Mitmenschen getrennte und unabhängige Weise. In diesem Fall wäre es angebracht, sich ins Gedächtnis zu rufen, was der Buddhismus lehrt: dass alle Wesen und alle Phänomene in wechselseitiger Abhängigkeit verbunden sind. Das Gesetz der wechselseitigen Abhängigkeit wird in jüngster Zeit auch von den Forschungsergebnissen der Quantenphysik bestätigt. Vor dem Hintergrund dieser Gesetzmäßigkeit leuchtet es ein, dass Sie letztlich sich selbst schlecht behandeln, wenn Sie sich jemand anderem gegenüber schlecht verhalten. Wenn Sie sich also selbst schützen wollen, sollten Sie sich dem Schutz der anderen widmen.

Das Verlangen nach Macht beruht auf störenden Gefühlen, die zu starken Gewaltausbrüchen führen können. Wenn wir daran arbeiten, echten, tiefen inneren Frieden zu entwickeln, wird das Verlangen nach Macht allmählich abnehmen und schließlich ganz verschwinden. Abrüstung in der Außenwelt muss beim inneren Frieden beginnen. Die einzig wirkliche Macht, die wir besitzen, liegt darin, uns anderen zu widmen und eben keine wie auch immer geartete Macht über sie auszuüben.

ཨོཾ་མ་ཎི་པདྨེ་ཧཱུྃ

Der Erleuchtungsgeist hat zwei Aspekte:
das Bodhichitta des Strebens
und das Bodhichitta der Ausführung.
Wie jeder sehr wohl den Unterschied kennt
zwischen dem Wunsch, zu gehen, und dem tatsächlichen Aufbruch,
kennt ein Weiser den Unterschied zwischen Streben und Ausführung.
Das Bodhichitta des Strebens nach Erleuchtung
schenkt vielfache Frucht im bedingten Dasein,
doch schafft es nicht den unaufhörlichen Strom an Verdiensten,
wie das Bodhichitta der Ausführung es tut.
Wer das Bodhichitta der Ausführung in sich erzeugt,
wird nie müde, für die Befreiung aller Wesen zu arbeiten.
Dann entstehen grenzenlose Verdienste, selbst wenn die Person schläft oder gerade nicht achtsam ist,
sie entstehen von selbst wie der grenzenlose Raum.

Shantideva

Eine Medaille, zwei Seiten – eine Wirklichkeit, zwei Ebenen der Wahrheit

Wir nehmen die grundlegende Natur von Wesen und Erscheinungen auf verzerrte Weise wahr. Verantwortlich dafür sind unser Ego und unsere Emotionen. Wir halten unsere Wahrnehmungen für real und sind ständig damit beschäftigt, sie zu kategorisieren und begrifflich zu fassen. Wir vergessen den Zusammenhang von Ursache und Wirkung und die Tatsache der Unbeständigkeit der Erscheinungen. Daher fehlt es uns an Urteilsvermögen. Wir sind Spielball unserer Emotionen und leben in einer Welt illusorischer Dualität, die zur Ursache von Leid wird.

Untersuchen wir aber die wahre Natur der Phänomene gründlich, stellen wir zwangsläufig fest, dass diese unbeständig sind, dass es darin nichts von Dauer gibt und sie den Gesetzen der Kausalität unterworfen sind. Dasselbe gilt für unseren Körper und unser Selbst, aber auch für das Leid an sich. All dies entsteht in Abhängigkeit von anderen Elementen, die ihrerseits vergänglich sind und nur kurz bestehen. Aufgrund unserer Unwissenheit nehmen wir sie aber so wahr, als besäßen sie eine eigenständige Existenz, und glauben, sie seien unabhängig und beständig.

Alle Dinge nehmen auf relative, nicht unabhängige Weise Gestalt an. Sie hängen von Ursachen und Bedingungen ab. Dies ist die Ebene der relativen Wahrheit.

Aus der Sicht der absoluten Wahrheit aber existieren sie ihrer grundlegenden Natur nach nicht aus sich selbst heraus, sondern nur in wechselseitiger Abhängigkeit. Relative und absolute Wahrheit sind die zwei Seiten ein und derselben Medaille. Sie sind nötig, damit sich das Phänomen selbst, die Medaille, manifestieren kann. Dies sind die beiden Aspekte der Wirklichkeit.

ཨོཾམཎིཔདྨེཧཱུྃ

So sollst du als deine Feinde betrachten:
Geiz, Lüge und Betrug,
Anhaftung, Trägheit, Stolz und Neid, Abneigung,
Hochmut aufgrund von Rang, körperlicher Erscheinung,
Wissen, Jugend und Kraft.
Der Buddha hat gelehrt, dass Achtsamkeit die Quelle der
Unsterblichkeit ist,
Unachtsamkeit aber die Quelle des Todes.
Entwickle daher unermüdlich Achtsamkeit,
verrenne dich nicht in Streit.
Gib jede Abneigung auf, und du wirst glücklich sein.
Verlust und Gewinn, Freude und Schmerz,
angenehme und unangenehme Worte, Lob und Tadel
sind die acht weltlichen Anhaftungen.
Betrachte sie mit Heiterkeit,
sie sind ohne jede Bedeutung.
Vertrauen, Großzügigkeit, Lernen,
Achtung vor sich selbst und anderen
sowie Weisheit sind die einzigen Schmuckstücke,
die wir besitzen müssen.

Nagarjuna

Leidvolle Erfahrungen gehören zum Leben

Die wahre Natur der Existenz ist frei von Leid, doch solange wir die Erleuchtung noch nicht erlangt haben, gehören leidvolle Erfahrungen zu unserem Leben. Gewöhnlich gibt es mehr Anlass zur Unzufriedenheit als zur Freude, das ist einfach so. Diesen Umstand sollten wir akzeptieren, denn nur so werden wir nicht zu einem Opfer der Umstände, sobald sich Probleme einstellen.

Wie alle Phänomene sind auch Leid und Unglück dem Wandel unterworfen. Früher oder später ergibt sich immer ein Ausweg, und Ihr Kummer findet ein Ende. Um mit der Tatsache des Leidens besser umgehen zu können, hilft es, über das Gesetz der Vergänglichkeit nachzudenken und zu meditieren. Ebenso wichtig ist es, die Ursachen zu kennen, die zur Entstehung von Leid führen, und diese künftig zu vermeiden. Wir sollten ferner ein gewisses Verantwortungsgefühl entwickeln und nicht vergessen, dass jede Erfahrung das Resultat einer unendlichen Zahl von Ursachen und Bedingungen ist, die wir im Laufe unzähliger Leben angehäuft haben.

Wenn wir uns also ins Gedächtnis rufen, dass alles, was uns an glücklichen oder leidvollen Situationen widerfährt, Folge früherer Handlungen und der karmischen Eindrücke ist, die diese im Laufe unserer Existenzen im Geist hinterlassen haben, so können wir unser Verhalten ändern und unseren Geist mit Mut und Entschlossenheit umwandeln. Denn unser Geist ist der alleinige Urheber aller störenden Gefühle.

ཨོཾམཎིཔདྨེཧཱུྃ

Vor einer toten Schlange zeigt der Rabe sich keck.
Habe ich keine Kraft, schadet mir selbst die kleinste geistige
Schwäche.
Wie will ich mich je vom Unglück befreien,
wenn schon das kleinste Hindernis mich abschreckt?
Wer hingegen Entschlossenheit und Selbstvertrauen aufbringt,
ist schwer zu bezwingen,
denn kein Hindernis kann ihn entmutigen.
Festen Geistes werde ich also jede leidvolle Vorstellung
überwinden
und so über jedes Hindernis triumphieren,
um ein Sohn des Siegreichen zu werden.

Shantideva

Heilsamen Gefühlen den Vorzug geben

Heilsame Wünsche wecken in uns den Willen, unseren Geist zu verändern. Wir müssen sie klar von unseren gewöhnlichen Wünschen unterscheiden, die sich im Normalfall auf eines der Sinnesobjekte richten und ebenso zahlreich wie unerfüllbar sind. Da es unmöglich ist, unsere sämtlichen materiellen Wünsche zu befriedigen, ist es wichtig, dass wir wissen, wie wir ihnen Zügel anlegen können. Ganz anders jedoch verhält es sich mit der Art von Wünschen, die uns dazu anspornen, bestimmte menschliche Qualitäten wie Mitgefühl, Liebe oder Toleranz zu entwickeln. Dieses Verlangen muss grenzenlos sein, damit wir den Mut aufbringen, Geistesgifte wie Gier, Gewalt, Hass, Neid und Eifersucht – um nur die wichtigsten zu nennen – umzuwandeln.

Durch das Anwenden geeigneter Gegenmittel können wir diese Gifte zeitweilig daran hindern, zu wirken. So gibt es beispielsweise bestimmte Belehrungen, wie wir Hass durch Liebe ersetzen können, da zwei einander ausschließende Gefühle nicht gleichzeitig im Raum unseres Geistes existieren können. Wollen wir aber eine tiefgreifende Wandlung unserer negativen Emotionen erreichen, müssen wir zu echter Einsicht in die Natur der Wirklichkeit gelangen und verstehen, dass nichts aus sich selbst heraus existiert.

Erlangen wir diese Art von Weisheit, haften wir nicht länger an den illusorischen Erscheinungen jener Welt der wiederkehrenden Existenz an.

ༀམཎིཔདྨེཧཱུྃ

Um den Erleuchtungsgeist in mir aufrechtzuerhalten,
bringe ich voller Hingabe im Herzen
dem Dharma, den Drei Juwelen und den Buddhas
diese Opfergaben dar:
alle Blumen und Früchte,
alle Heilmittel und Arzneien,
alle Edelsteine dieser Welt,
reine, erfrischende Wasser,
Berge von Juwelen,
himmlische Bäume im Schmuck ihrer Blüten,
Weihrauch und Wohlgeruch aus den Bereichen der Götter,
wunscherfüllende Bäume aus Edelsteinen,
lotusgeschmückte Seen und Teiche –
sowie allen Schmuck, der es wert ist,
als Opfergabe dargebracht zu werden.

Shantideva

Sage mir, wer deine Freunde sind, und ich sage dir, wer du bist

Der Buddhismus lehrt: Solange wir nicht ein gewisses Maß geistiger Stabilität entwickelt haben, sollten wir die Menschen, mit denen wir Umgang pflegen, sehr gut auswählen. Tatsächlich ist es ja häufig so, dass wir für unsere Freunde eine gewisse Bewunderung empfinden und von ihnen beeinflusst werden. Manchmal dienen uns unsere Freunde auch als Vorbild, und der eine oder andere bringt uns in unserer Entwicklung ein Stück weiter.

Suchen wir aber die Gesellschaft unreifer, unvernünftiger oder sogar gewalttätiger Menschen, so verschwenden wir nur unsere Zeit. Das blenden wir manchmal aus, denn wir haben Angst davor, ausgegrenzt oder verlassen zu werden beziehungsweise keine neuen Freunde zu finden, und so haben wir weiter Umgang mit den alten.

Wir sind selbst verantwortlich dafür, mit welcher Art von Menschen wir uns umgeben und welchen Einfluss sie auf uns und unser Verhalten haben. Das sollten wir nicht vergessen.

ཨོཾམཎིཔདྨེཧཱུྃ

Stolz hat siebenerlei Form:
zu behaupten, geringer als der Geringste,
gleich dem Gleichen zu sein,
über oder gleich dem Geringeren zu sein,
wird als egoistischer Stolz bezeichnet.
Extremer Stolz besteht darin, sich einzubilden,
auf einer Stufe mit jenen zu stehen, die uns überlegen sind.
Zu glauben, man sei noch wichtiger als die sehr Wichtigen,
die sich selbst als überlegen betrachten,
ist der Stolz, der den Stolz überbietet.
Diese Form von Stolz ist wirklich von Übel.
Aus Unwissenheit in Bezug auf die fünf Aspekte der Persönlichkeit, die Aggregate,
von sich als einem »Ich« zu sprechen ist der Stolz der Ich-Illusion.
Sich einzubilden, Früchte erlangt zu haben,
die nicht erlangt wurden, ist der Stolz der Überlegenheit.
Sich begangener Missetaten zu rühmen
heißt, fehlgeleiteten Stolz zu empfinden.
Sich selbst gering zu schätzen mit den Worten:
»Ich bin nichts wert«, ist der Stolz der Minderwertigkeit.

Nagarjuna

Wahrhaft lieben

Wir wissen nicht, wie man wirklich liebt. Unsere Konditionierung, unsere geistigen Gewohnheiten, verzerren gewöhnlich die ursprünglichen, spontanen Regungen unseres Herzens zu Projektionen und diese verdecken, was der andere wirklich ist. Dennoch können wir lernen, wirkliche Liebe zu empfinden, indem wir über die Nachteile einer egoistischen Einstellung und die Vorteile einer altruistischen Grundhaltung nachdenken und untersuchen, wie sich diese beiden Haltungen auf unsere zwischenmenschlichen Beziehungen auswirken.

Damit es uns leichter fällt, harmonische Beziehungen zu unseren Mitmenschen zu unterhalten, können wir uns auch ins Gedächtnis rufen, dass alle Wesen genauso glücklich sein möchten wie wir. Wir sind alle gleich, was die Hoffnung auf Glück angeht. Wenn wir das verstehen und akzeptieren können, entwickeln wir anderen gegenüber ein Gefühl der Wesensverwandtschaft, wir gehen auf sie zu und werden nachsichtiger. Ihr Schicksal ist uns nicht mehr gleichgültig, sondern berührt uns immer mehr. Und so helfen wir ihnen, das zu bekommen, was sie glücklich macht, sobald wir dazu in der Lage sind. Auf diesem Weg gelangen wir mit der Zeit an einen Punkt, an dem wir die anderen als ebenso wichtig, wenn nicht sogar als wichtiger betrachten als uns selbst – zumindest gelegentlich.

Es fällt uns immer leichter, andere Menschen zu lieben und ihnen beizustehen, so wie wir es uns auch für uns selbst wünschen. Dann ist die Liebe, die wir für andere empfinden, wahrhaft Liebe.

ༀམཎིཔདྨེཧཱུྃ

Ein Körnchen Salz
macht einen Tropfen Wasser salzig,
aber nicht den gesamten Ganges.
Ähnlich vernichten minder schädliche Handlungen
nicht die tiefen Wurzeln des Guten.

Shantideva

Wenn Leiden zum Lehrer wird

Wenn wir untersuchen, was sich auf körperlicher und geistiger Ebene in uns abspielt, wenn wir eine leidvolle Erfahrung machen, wenn wir akzeptieren, dass das Leid untrennbarer Bestandteil unserer Existenz ist, und wenn wir dann lernen, die Mechanismen zu entschlüsseln, die für diese leidvolle Erfahrung verantwortlich sind – dann können wir ähnliche Erfahrungen künftig vermeiden und Abstand zu unserer gegenwärtigen Erfahrung gewinnen. Dabei ist es natürlich auch hilfreich, dass wir nicht lange nachgrübeln, wie ungerecht es ist, dass wir dieses Leid erfahren. Vielmehr sollten wir begreifen, dass unser Erleben das Ergebnis einer Reihe von Ursachen und Bedingungen ist, die wir im Laufe unser unzähligen Existenzen selbst geschaffen haben. Allerdings wäre es falsch, deshalb nun Schuldgefühle zu entwickeln oder sich selbst zu verurteilen. Konzentrieren wir uns lieber darauf, Liebe und Mitgefühl für uns selbst zu empfinden, damit wir auch anderen gegenüber toleranter werden, und lernen wir besser, wie man Geistesruhe entwickelt.

Anfangs gehen wir dabei vielleicht ein wenig ungeschickt zu Werke, doch das ist ganz normal und gibt sich mit der Zeit. Allmählich lernen wir, uns selbst und anderen gegenüber echtes Mitgefühl zu empfinden. Wir entwickeln den unerschütterlichen Entschluss, allen helfen zu wollen, die leiden. Daraus wächst uns grenzenlose Energie zu, große Freude, ein Gefühl von Freiheit und Vertrauen, die uns erlauben, uns jederzeit zu entspannen, glücklich zu sein und in der Ruhe und leuchtenden Klarheit des Geistes zu verweilen. Aber dazu müssen wir zuerst bereit sein, die Lektion unseres Leidens anzunehmen.

ཨོཾ་མ་ཎི་པདྨེ་ཧཱུྃ

Durch die Macht seines Wissens
könnte der Bodhisattva alle Fesseln und Hindernisse
durchschneiden.
Doch zum Wohle der Wesen bleibt er in der Welt.
Er kennt seine Feinde, seine Leidenschaften.
Er weiß, dass Anhaftungen hinderlich sind,
daher können sie ihm nichts anhaben, auch wenn er sie
weiterhin billigt.
Der Bodhisattva übt sich in Tugend und besitzt zahlreiche
Verdienste.
Er weiß um die Natur der Dharmas,
weiß, dass Hindernisse, Leidenschaften und Qualitäten
an sich weder gut noch schlecht sind,
daher hasst noch liebt er Hindernisse oder Qualitäten,
sondern übt sich in Geduld kraft dieses Wissens.

Nagarjuna

Die zentralen Lehren des Buddhismus: Mitgefühl, Nicht-schaden-Wollen, wechselseitige Abhängigkeit

Die buddhistische Lehre lässt sich in zwei Konzepten auf den Punkt bringen: auf der philosophischen Ebene in der Sicht der wechselseitigen Abhängigkeit und auf der Ebene des Handelns in der Haltung des Nicht-schaden-Wollens. Alle bedingten Phänomene entstehen in Abhängigkeit von Ursachen und Bedingungen, die ihrerseits wieder von Ursachen und Bedingungen abhängen, und so fort. Das Bewusstsein wird als abhängig von den einzelnen Bewusstseinsmomenten betrachtet, die seine Kontinuität, sein Kontinuum ausmachen. Der Raum wird in seiner Abhängigkeit von den verschiedenen Richtungen gesehen.

Das Prinzip der wechselseitigen Abhängigkeit zeigt sich also beispielsweise in der Abhängigkeit von Ursachen und Bedingungen oder der Abhängigkeit von Teilen und Richtungen. So können wir es untersuchen. Verstehen wir erst einmal, was dieses Prinzip für Konsequenzen hat, entwickeln wir spontan den Wunsch, anderen gegenüber mitfühlend zu sein und eine gewaltfreie Haltung einzunehmen. Wir alle sind miteinander verbunden. Das Glück der anderen ist für uns demnach genauso wichtig wie unser eigenes.

Was ich bin und was ich tue, meine ganze Zukunft, ist eng mit anderen verbunden, und zwar mit allen fühlenden Wesen, egal, ob Mensch oder Tier. Ihr Glück ist mein Glück. Wir alle teilen denselben Wunsch, nämlich glücklich zu sein. Wir können ohne die anderen nicht glücklich sein. Darum müssen wir unseren Geist darin üben zu erkennen, dass er nicht von anderen getrennt existiert. Hierzu müssen wir einem frei gewählten Übungsweg folgen, damit wir unsere Motivation, unsere Art zu denken, zu fühlen und zu handeln auf lange Frist umwandeln können.

ཨོཾམཎིཔདྨེཧཱུྃ

Der Buddha lehrte,
dass von allen Besitztümern Zufriedenheit das höchste ist.
Sei daher stets zufrieden,
denn wer die Zufriedenheit kennt,
ist – auch wenn er nichts besitzt – wahrhaft reich.

Shantideva

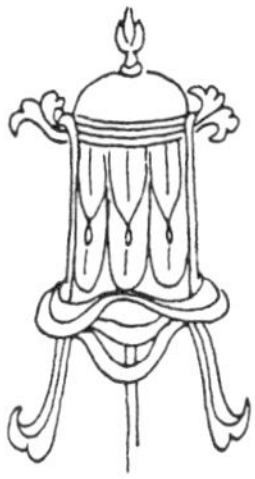

Mit dem zufrieden sein, was wir haben

Wir können uns kaum ein schöneres Geschenk machen, als zu lernen, uns mit dem zu begnügen, was wir haben oder sind. Sind wir zufrieden mit unserem Leben, dann ist unser Geist, sind unsere Gedanken von Frieden erfüllt. Wir vergleichen uns nicht länger mit anderen, wollen nicht immer noch mehr haben, nicht länger die Besten, Schönsten, Klügsten sein. Wir wissen zu schätzen, was wir an Besitz erlangt haben, wer oder was wir sind, und daraus entsteht große Freude.

Die Übung des Geistestrainings bezieht sich auf Körper, Rede und Geist gleichermaßen. Regelmäßige Übung hilft uns, unsere zwischenmenschlichen Beziehungen und die Art, wie wir unser Leben führen, zu verändern. Wir lernen, zwischen heilsamen – also Glück erzeugenden – und unheilsamen – Leid erzeugenden – Faktoren zu unterscheiden und kultivieren jene, die zu Glück führen.

Andere glücklich zu machen beziehungsweise sich an ihrem Glück zu freuen, lässt geistigen Frieden entstehen. Es gibt nichts Befriedigenderes, als alles in unseren Kräften Stehende zu tun, um andere glücklich zu machen, ohne eine Gegenleistung dafür zu erwarten.

ཨོཾམཎིཔདྨེཧཱུྃ

Wie bei einem Blinden, der in einem Haufen Abfall eine Perle entdeckt,
ist in mir die Klarheit des Erwachens entstanden.
Sie ist ein unerschöpflicher Schatz, der alles Elend dieser Welt beseitigt,
eine unvergleichliche Arznei, die die Krankheiten dieser Welt heilt,
eine Brücke, die allen Zugang gewährt, um sie von den Pfaden des Leides wegzuführen,
eine Sonne, die die Finsternis der Unwissenheit vertreibt.

Nagarjuna

Kein Fleisch essen und ohne Gewalt leben

Es ist sehr bedauerlich, dass wir bestimmte Tiere ausschließlich als Nahrungslieferanten sehen. Es sind fühlende Wesen, denen Sie vielmehr Ihre Fürsorge angedeihen lassen sollten. Auch Tiere hängen am Leben und lieben ihr »Selbst«. Das Leid, das sie erfahren, wenn sie mit Angel oder Netzen gefangen werden, wenn man sie zum Schlachthof bringt und tötet, um den Nahrungsbedarf von uns Menschen zu decken, ist pure Gewalt. Wenn Ihre Gesundheit und Ihre Lebensumstände es zulassen, sollten Sie eine vegetarische Form der Ernährung pflegen. Das Leid, das Tiere auf diesem Planeten erfahren, ist unermesslich. Der Mensch schenkt diesem Leid jedoch kaum Beachtung. Wenn wir eine Haltung der Gewaltfreiheit anstreben, können wir davor nicht die Augen verschließen. Es wäre unvereinbar mit dem Ideal des Mitgefühls.

Alle buddhistischen Texte über die Meditation unterstreichen die Bedeutung der fleischlosen Ernährung und der Achtung vor dem Leben in all seinen Formen. Wenn wir Fleisch oder Fisch essen, so heißt dies letztendlich, dass wir uns vom Leid der Tiere ernähren.

ཨོཾ་མ་ཎི་པདྨེ་ཧཱུྃ

Wenn die Erscheinungen nicht leer wären,
so könnten sie nicht erscheinen und nicht vergehen,
es gäbe keine Vier Edlen Wahrheiten,
und die Ursachen des Leidens ließen sich weder
erkennen noch beseitigen.
Die Erleuchtung ließe sich nicht erreichen.
Dass all dies möglich ist, liegt nur daran,
dass die Leerheit möglich ist.
Wäre dem nicht so,
wäre alles unmöglich.
Weil die Phänomene leer sind,
erscheinen und vergehen sie wieder,
existieren die Vier Edlen Wahrheiten.

Nagarjuna

Einsicht in die Wahrheit bedeutet Befreiung vom Leiden

Nachdem er die Erleuchtung erlangt hatte, gab der Buddha seine erste Belehrung im Gazellenhain nahe der Stadt Benares, dem heutigen Varanasi. Sie drehte sich um die Vier Edlen Wahrheiten, welche die Welt der Erscheinungen ebenso beschreiben wie die darin herrschenden Gesetze von Ursache und Wirkung, die Unbeständigkeit aller Dinge sowie den Weg zur Beendigung des Leidens. Die Vier Edlen Wahrheiten lassen sich unter verschiedenen Aspekten betrachten. So kann man zum einen ihre Natur untersuchen:

- Die erste der Vier Edlen Wahrheiten besagt, dass das Leiden existiert und alles leidhaft ist. Alles, was existiert, ist unbeständig und verursacht Leid.
- Die zweite besagt, dass dieses Leiden Ursachen hat, also einen erkennbaren Ursprung: unsere negativen Geisteszustände.
- Die dritte besagt, dass es durch Übung möglich ist, alles Leiden zu beenden.
- Die vierte erläutert das Ergebnis dieses Weges: das Ende des Leidens.

Man kann die Vier Edlen Wahrheiten aber auch unter dem Gesichtspunkt ihrer praktischen Anwendung beschreiben. Dann untersucht man die einzelnen Schritte der Umsetzung:

- Das Leiden muss erkannt und identifiziert werden.
- Seine Ursachen müssen beseitigt und ausgelöscht werden.
- Dies geschieht durch das Anwenden geeigneter Methoden.
- Dabei soll das Ziel des Weges erreicht werden: Befreiung vom Leiden und Erlangen der Erleuchtung.

Mit den Vier Edlen Wahrheiten kann ausnahmslos jeder arbeiten. Sie erlauben uns, durch eigene Erfahrung zu erkennen, dass alles Leiden durch Ursachen bedingt ist und wir diese Ursachen abstellen können.

ཨོཾམཎིཔདྨེཧཱུྃ

Möge der kostbare Erleuchtungsgeist entstehen,
wo er noch nicht entstanden ist,
möge er nicht abnehmen,
wo er bereits entstanden ist,
sondern immer mehr zunehmen.

Aus dem Weisheitsschatz der indischen Meister

Menschsein heißt, Würde zu besitzen

Wir alle sind menschliche Wesen. Diese Feststellung allein sollte uns schon bewusst machen, dass eine Verbindung zwischen uns allen besteht. Daraus erwächst die Motivation, dass wir uns nach Kräften bemühen, unsere Mitmenschen zu verstehen und einen Schritt auf sie zuzugehen. Spüren wir intuitiv den grundlegenden inneren Wert unseres Menschseins, empfinden wir die damit verbundene Würde, erlangen wir jene unerschütterliche Selbstgewissheit, die sich als spontane Folge des Erkennens der wechselseitigen Verbundenheit einstellt.

Dieses Gefühl der Würde, des Geschätztwerdens darf nicht aus unserer sozialen Stellung resultieren, weder in unseren Augen noch in jenen unserer Mitmenschen. Leider ist dies jedoch allzu häufig der Fall. Wir vergessen dabei, dass uns materieller Besitz und Reichtum nur ein vorübergehendes Gefühl von Sicherheit geben können. Im Moment halten wir uns vielleicht für eine schätzenswerte Person, doch dieses Gefühl ist relativ und kann verschwinden, sobald sich unsere materielle oder emotionale Situation ändert.

Wenn wir andererseits tief in uns um den inneren Wert unseres Menschseins wissen, so ist das etwas, worauf wir uns stützen können. Glücklich, mit dem Privileg der menschlichen Geburt ausgestattet zu sein, entwickeln wir ein unerschütterliches Vertrauen ins Dasein und große innere Kraft. Wir orientieren uns auf unsere Mitmenschen hin. Zu wissen, dass wir alle eins und Teil der großen Familie der Menschheit sind, muss uns Ansporn sein, unsere Intelligenz und unseren Mut einzusetzen, um eine solidarische, tolerante, großzügige Welt zu schaffen. Dies liegt in unser aller Verantwortung. Wenn wir es wollen, liegt das Glück ganz nah.

ཨོཾམཎིཔདྨེཧཱུྃ

Das Brüllen des Löwen im Dschungel
lässt die jungen Rehe vor Angst erbeben,
doch die Löwenjungen werden von Freude erfüllt
und laufen ihrer Mutter nach.
Ähnlich ist es, wenn das grenzenlose Glück,
das uns angeboren ist, gelehrt wird:
Dumme Menschen mit falschen Ansichten werden von
Entsetzen gepackt,
doch die vom Glück begünstigten Wesen freuen sich so sehr,
dass sie vor Erregung erschauern.

Saraha

Die Kette des Leides

Wie der Buddha lehrte, ist unsere grundlegende Unwissenheit dafür verantwortlich, dass wir Leiden erfahren. Diese grundlegende Unwissenheit führt zur Entstehung von zwölf voneinander abhängigen Gliedern, die alle Wesen im Samsara, im Kreislauf der Existenzen, festhalten. Das erste dieser Glieder ist die Unwissenheit. Aus Unwissenheit entstehen die gestaltenden Faktoren, die ihrerseits zur Entstehung des Bewusstseins führen. Das Bewusstsein wiederum erzeugt auf der Grundlage der sechs Sinne (die fünf Sinne, die auch wir kennen, und dazu das Denken) Name und Form.

Die sechs Sinne streben nach Kontakt mit den Sinnesobjekten, woraus Empfindung entsteht. Empfindung wiederum führt zur Entstehung von Verlangen, und Verlangen erzeugt Greifen. Greifen führt zu Existenz, also zu Geburt, Alter und Tod.

Diese zwölf Glieder des abhängigen Entstehens binden uns auf endlose Zeit und lassen die Ursachen des Leidens fortbestehen. Der einzige Weg, diesem Kreislauf ein Ende zu setzen, besteht darin, das schwächste Glied dieser Kette, die Unwissenheit, mithilfe von Wissen und Weisheit zu zerbrechen.

Wissen und Weisheit helfen uns zu erkennen, dass alle Phänomene in Abhängigkeit von Ursachen und Bedingungen entstehen und nicht aus sich selbst heraus existieren. Wenn wir über die verschiedenen Aspekte der Lehre von den zwölf Gliedern nachdenken, wird uns bewusst, dass auch das Ich nicht aus sich selbst heraus existiert, ebenso wenig wie unsere störenden Gefühle wie Egoismus, Stolz oder Hass. Doch diese

Emotionen lassen uns das genaue Gegenteil denken, sodass wir glauben, unser Ich sei etwas Eigenständiges und Dauerhaftes. Ebendieser Glaube erzeugt das Leid, das wir erfahren. Unwissenheit steht also am Anfang des gesamten Prozesses, der zur Entstehung von Leid führt.

ཨོཾམཎིཔདྨེཧཱུྃ

Wer nicht erkannt hat, dass alle Dinge nur einen Geschmack
haben,
meditiert über das klare Licht und hält es für ewig.
Wer nicht erkannt hat, dass alles eins ist mit der
Glückseligkeit,
meditiert über Leerheit und glaubt, dass sie schlichtweg als
Nichts existiert.
Wenn die Natur der Erscheinungen nicht verstanden wird,
ist die Meditation des Nichtdenkens reine Einbildung.
Wer die einfache Natur des Geistes nicht erkannt hat,
meditiert über Nichtdualität und haftet weiter seinen
Vorstellungen an.
Wer die materielle Nichtexistenz des Geistes nicht erkannt hat,
meditiert scheinbar mit lenkbarem Geist und tut sich in
Wirklich doch Zwang an.

Milarepa

Seien wir intelligente Egoisten

Die buddhistische Ethik legt uns nahe, alles zu tun, um andere glücklich zu machen. Oder – wenn Ihnen dies unmöglich erscheint – zumindest alles Ihnen Mögliche zu tun, um anderen nicht zu schaden. Wir sollten also auf intelligente Art egoistisch handeln. Dabei ist uns die Kenntnis der Gesetze von Ursache und Wirkung von Nutzen. Wir alle wissen aus eigener Erfahrung, dass »negative« Handlungen anderen gegenüber früher oder später negative Konsequenzen für uns selbst nach sich ziehen. Seien Sie also pragmatisch und vermeiden Sie derartige Konsequenzen, indem Sie gesunden Menschenverstand beweisen und Achtsamkeit im Hinblick auf Ihre Gedanken, Worte und Handlungen praktizieren. So wird Ihr Leben friedvoll sein. Und vielleicht bekommen Sie ja eines Tages Lust, einen Schritt weiter zu gehen.

Die Lebensgeschichten der großen Meister zeigen, dass es unmöglich ist, glücklich zu sein, ohne Mitgefühl zu entwickeln, und dass wir glücklich werden, wenn wir anderen Gutes tun, denn Mitgefühl setzt aller Angst ein Ende. Wenn wir in unserem Geist das Mitgefühl vermehren, geben wir ihm den Raum, den vorher die Angst eingenommen hat. Wenn die Angst verschwindet, entstehen ganz natürlich Vertrauen und Frieden im Geist. Sie mögen vielleicht denken, dies sei unmöglich, aber das hieße vergessen, dass wahres Mitgefühl Teil unserer grundlegenden Natur ist. Mitgefühl ist ein Potenzial, das wir alle besitzen. Allerdings ist es nur mit Erfahrung und Übung möglich, dieses Potenzial zu verwirklichen und zu einer lebendigen, in unserem Leben wirksamen Kraft werden zu lassen.

Zuerst müssen wir lernen, unsere Verhaltensmuster zu ändern. Das mag zunächst ein wenig schwierig erscheinen, aber mit der Zeit gehen die Dinge leichter vonstatten. Mitgefühl und Hass sind gegensätzliche, sich widersprechende Emotionen. Daher kann unser Geist nie von beiden gleichzeitig erfüllt sein. Auf diese Gesetzmäßigkeit müssen wir vertrauen. Wenn wir einer der beiden Emotionen den Vorzug geben, bleibt für die andere kein Raum mehr, und sie muss zwangsläufig weichen.

Diese Form der Praxis hilft uns, unsere engherzige, egoistische Einstellung abzulegen, und führt uns so zum Glück.

ཨོཾ་མ་ཎི་པདྨེ་ཧཱུྃ

Vor den Buddhas verbeuge ich mich
und bringe ihnen all meine Verdienste
und all meine Körper dar.
Voller Ehrfurcht unterwerfe ich mich ihnen.
Unter ihrem Schutz hat das Dasein seinen Schrecken verloren,
und ich kann den Wesen nützlich sein,
meine unheilsamen Angewohnheiten ablegen
und keine neuen unheilsamen Handlungen mehr vollziehen.
Ich bitte die Buddhas mit Liedern und Klängen, herbeizueilen
und mir zu helfen, zum Wohle aller Wesen Erleuchtung zu erreichen.

Shantideva

Unser Feind ist unser bester Lehrer

Geduld ist die Quelle von Beharrlichkeit und Mut. Sie macht es uns möglich, unsere grundlegende Natur zu verwirklichen. Geduld ist eine Kraft, die uns hilft, in jeder Situation fest und unerschütterlich zu bleiben.

Der Buddhismus lehrt, »dass unsere Feinde unsere besten Lehrer sind, denn sie lehren uns Geduld und Toleranz«. Sie erziehen uns dazu, ihnen weder mit Hass noch mit Zorn, Ressentiments oder Rachegelüsten entgegenzutreten. Wenn es uns also gelingt, unsere Feinde genauso zu lieben wie unsere Freunde und unsere Lehrer, werden wir allmählich fähig, allen fühlenden Wesen gegenüber Zuneigung und Nachsicht zu entwickeln. Wir werden sie mit einem anderen, toleranteren, respektvolleren und weniger kritischen Blick betrachten. Wir können sie sehen, ohne sie zu verurteilen oder zu vergleichen.

Unsere Feinde sind uns also nützlich. Sie inspirieren unsere Praxis und lehren uns, Gleichmut zu entwickeln.

Wenn wir unsere Feinde lieben, verstehen wir auch die Natur von störenden Gefühlen besser. Störende Gefühle haben gewöhnlich ihren Ursprung darin, dass wir nicht klar genug unterscheiden zwischen der momentanen Befriedigung, die wir uns von der Erfüllung unserer Wünsche erwarten, und den langfristigen Konsequenzen ebendieser Wünsche, die entweder zu Glück oder Leid führen können. Die Erwartungen, die wir an die Erfüllung unserer Wünsche knüpfen, decken sich häufig nicht mit dem, was wir tatsächlich bekommen. Die Folge ist Frustration, der wiederum Nährboden ist für Leid und negative Emotionen. Dabei wird förmlich eine Kettenreaktion in Gang gesetzt. Wir können in den Sog von Gedanken geraten, die von Eifersucht, Feindseligkeit, Zorn und Wut erfüllt sind, und unter ihrem Einfluss unheilsame Handlungen begehen in der Hoffnung, uns so vorübergehend Erleichterung zu verschaffen. Dies aber bedeutet, dass wir die langfristigen Folgen jener Handlungen vergessen, die wir unter dem Einfluss derartiger Emotionen begehen.

ཨོཾ་མ་ཎི་པདྨེ་ཧཱུྃ

O Schützer, o Buddhas,
aus Unwissenheit und Unachtsamkeit
habe ich viele schlechte Taten begangen.
Im Wunsche, Verdienste anzusammeln,
werde ich mich von nun an bemühen,
meinen Geist in Gleichmut verweilen zu lassen
und ihn zur Ruhe zu bringen.
Anderen gegenüber werde ich Gedanken liebender Güte hegen.
Von nun an nehme ich Zuflucht zur Lehre,
deren Kraft alle Furcht vertreibt,
und zu den Schützern,
damit sie sogleich alle Angst von mir nehmen,
die mich bei dem Gedanken peinigt, ohne Verdienste zu sterben.

Shantideva

Kein Anfang, kein Ende – die Katze beißt sich in den Schwanz

Der Buddhismus lehrt, dass alles Dasein zyklisch ist. Nichts von dem, was sich in der sichtbaren oder unsichtbaren Welt manifestiert, sei es das Universum, das Bewusstsein oder die Partikel, aus denen sich die Materie zusammensetzt, hat einen Anfang oder ein Ende.

Körper und Geist des Menschen gehen aus einem ihnen eigenen Kontinuum hervor. Der Geist ist Ausdruck eines Bewusstseinszusammenhangs, der das Individuum von Leben zu Leben begleitet. Unser Körper ist das Produkt der Verschmelzung von mütterlicher Eizelle und väterlicher Samenzelle, die wiederum auf die Großeltern zurückgehen – was sich bis ins Dunkel aller Zeiten fortführen ließe.

Das Konzept des sogenannten Nichtursprungs unterscheidet den Buddhismus von den monotheistischen Religionen, die alles Seiende als von einem Schöpfergott geschaffen betrachten. Die buddhistische Sicht fußt in erster Linie auf dem Gesetz von Ursache und Wirkung. Doch ob man nun Buddhist ist oder nicht – faktisch gilt dieses Gesetz für alle Phänomene, wie die Wissenschaft gezeigt hat. Vernunft und gesunder Menschenverstand bestätigen dies und veranlassen uns, dementsprechend zu handeln. Wir können zum Beispiel die negativen, schmerzlichen Folgen unserer Handlungen vorher abschätzen und sie vermeiden, indem wir unsere negativen geistigen Gewohnheiten ändern und Ursache-Wirkungs-Ketten verstärken, die zu unserem Glück beitragen.

Wie gesagt besitzt das Universum weder Anfang noch Ende und existiert in zyklischer Form. Wenn wir uns das bewusst machen, wenn wir also wissen, dass jedes Phänomen das Ergebnis des Gesetzes von Ursache und Wirkung ist, wird uns dies veranlassen, unser Verhalten zu ändern.

ཨོཾམཎིཔདྨེཧཱུྃ

Wer alle Dharmas – alle Erscheinungen – als nicht entstanden sieht, kennt kein Leid.
Wer alle Dharmas als vollständig erloschen sieht,
verwirklicht das vollkommene Erlöschen des Erwachens.
Wer die Dharmas als leer sieht,
praktiziert den Weg auf die rechte Weise.
Wer keine Dharmas annimmt oder ablehnt,
wer an nichts anhaftet,
dessen Geist ist vergleichbar mit dem Raum.
Er sieht weder Buddha noch Dharma noch die Gemeinschaft der Praktizierenden,
er weiß, dass alle Phänomene leer sind.
Frei von Zweifel und Angst
und nicht gewillt, etwas zu ergreifen,
hat er das vollkommene Nirvana verwirklicht.

Chandrakirti

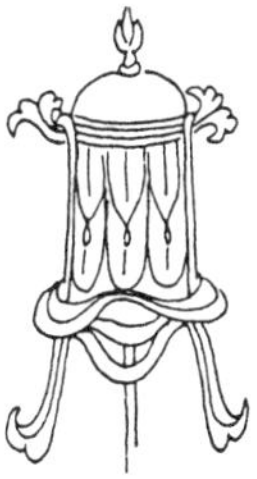

Die zehn Zutaten für das Elixier des Glücks

Die zehn heilsamen Handlungen bilden das Fundament buddhistischer Ethik, einen der Faktoren also, die uns zum Glück führen. Mit Disziplin, Weisheit und Sammlung können wir uns in den zehn heilsamen Handlungen schulen und uns unheilsamer Handlungen enthalten, die da sind: Töten, Stehlen, sexuelles Fehlverhalten, Lügen, das Säen von Zwietracht, der Gebrauch verletzender Worte, sinnloses Gerede, Neid, Böswilligkeit, der Konsum von Drogen oder Alkohol und das Festhalten an falschen Ansichten. Die Frucht dieser Art von Praxis ist ein heiterer, friedvoller Geist. Sie erleichtert außerdem das Zusammenleben mit unseren Mitmenschen.

- Nicht zu töten bedeutet, Leben im Allgemeinen zu schützen.
- Kein sexuelles Fehlverhalten an den Tag zu legen bedeutet, seinen Partner nicht zu betrügen.
- Nicht zu lügen ist ein Gebot, das wir problemlos befolgen können. Dennoch vertragen nicht alle Menschen die ungeschminkte Wahrheit. In diesem Fall müssen wir etwas Fingerspitzengefühl bei der Formulierung entwickeln, bevor wir das Wort ergreifen.
- Keine harschen Worte zu gebrauchen, andere nicht herabzusetzen und keine Zwietracht zu säen bedeutet, dass wir keine Konflikte schaffen und anderen nicht überflüssiges Leid bereiten oder schaden.

- Alles leere und seichte Geschwätz zu vermeiden schützt uns davor, viel zu reden, ohne etwas zu sagen, was nur zu geistiger Verwirrung führt. Oberflächliches Geschwätz aufzugeben ist daher eine große Tugend.

Die zehn unheilsamen Handlungen hängen mit unseren störenden Gefühlen zusammen und haben ihren Ursprung im Geist. Wenn wir ihre Mechanismen, ihre Ursachen und Auswirkungen beobachten, indem wir uns stets in Achtsamkeit üben, werden wir fähig, sie aufzugeben. Dann verschwinden auch die mit den unheilsamen Handlungen verbundenen Emotionen von selbst.

ཨོཾ་མ་ཎི་པདྨེ་ཧཱུྃ

Nachdem ich erkannt habe, dass ich viele Fehler habe,
die anderen aber viele gute Eigenschaften besitzen,
werde ich alle Ich-Bezogenheit aufgeben
und mich daran gewöhnen, die anderen zu akzeptieren.
Ich werde das Wohl der anderen verwirklichen,
frei von Eitelkeit und Stolz sein
und meine Freude im Glück der anderen finden.

Shantideva

Verantwortungsbewusstsein zeigen und freudvoll leben

Der Buddhismus lehrt, wie wichtig es ist, Verantwortungsbewusstsein zu entwickeln, sodass wir unser Leben selbst in die Hand nehmen können und in unserem Umfeld kein Leid erzeugen. Dazu braucht es ein wenig Übung. So fällt es uns zum Beispiel bei einer Auseinandersetzung gewöhnlich leichter, zornig auf den anderen zu werden, als zu versuchen, die wahren Gründe für unseren Zorn und unsere Aggressivität zu erkennen. Und selten genug denken wir über die Konsequenzen der Handlungen nach, die aus einer solchen Haltung erwachsen. Doch wenn wir das nicht tun, wird es uns nicht gelingen, unser Verhalten zu ändern.

Bei Streitigkeiten muss ein Praktizierender, der seinen Geist wirklich verändern will, den scheinbaren Sieg dem anderen überlassen. Was nützt es, wenn wir aus solchen Auseinandersetzungen zwar als Sieger hervorgehen, aber dadurch nur Hass, Zorn, Eifersucht, Stolz und so weiter verstärken – und zwar in uns selbst. Diese negativen Emotionen zerstören unser Glück, und wir erfahren weder Freude noch Heiterkeit. Sie beeinträchtigen unser Urteilsvermögen und wirken wie Gift auf unseren Geist. Ihnen nicht einfach freien Lauf zu lassen ist Ziel unserer Übung.

Keine Ressentiments, keinen Zorn und keinen Hass zu entwickeln sind Dinge, für die wir uns entscheiden können. Wir können aus freien Stücken beschließen, gütig zu sein und großzügig zu handeln. Aus Mitgefühl.

Wenn Sie nicht sicher sind, ob ein derartiges Verhalten sinnvoll ist, sollten Sie sich bewusst machen, dass Sie selbst immer das erste Opfer Ihrer negativen Emotionen sind. Denken Sie darüber nach und übernehmen Sie die Verantwortung für Ihr Denken, Fühlen und Handeln.

ཨོཾམཎིཔདྨེཧཱུྃ

Der Geist, der die Leerheit direkt erkennt,
ist der Geist, der die Unwissenheit beseitigt.
Karmische Tendenzen manifestieren sich nicht länger,
ebenso wenig wie die zwölf Glieder des abhängigen Entstehens.
Wenn dieses ist, entsteht jenes.
Ist dieses nicht, entsteht jenes nicht.
Wenn dies aufhört, hört jenes auf.

Nagarjuna

Was in all dem das Karma bedeutet

Die karmischen Konsequenzen einer Handlung hängen eher von den ihr zugrunde liegenden Motiven ab als von der Tat selbst. Emotionen wie Gier oder Hass entstehen bisweilen sehr schnell im Geist, ohne dass es dafür äußere Auslöser gibt. Schuld daran sind in erster Linie unheilsame geistige Gewohnheitsmuster und die daraus folgenden impulsiven Handlungen von Körper und Rede.

Eine der Möglichkeiten, wie wir dieses »negative« Karma neutralisieren können, ist die Anwendung entsprechender »Gegengifte« und das Erzeugen heilsamer Absichten. Auch die höchst wirksame Kraft der Reue kann diesem Zweck dienen, und zwar wenn Sie vollzogene unheilsame Handlungen aufrichtig bereuen.

Oft ist unsere Praxis des heilsamen Handelns auch nur schwach ausgeprägt, verglichen mit unseren vielen unheilsamen Handlungen. Um hier Abhilfe zu schaffen, sollten wir uns regelmäßig ins Bewusstsein rufen, dass heilsame Handlungen positive Konsequenzen bewirken und negative Handlungen negative Folgen zeitigen.

Wie wir die Dinge wahrnehmen, hängt im Allgemeinen von der Gesamtheit des Karmas ab, das wir im Laufe unzähliger Existenzen angesammelt haben. Die Welt, wie wir sie als Menschen auf der Ebene der Erscheinungen sehen, ist das Spiegelbild von karmischen Erfahrungen, die unser Bewusstsein im Verlauf früherer Existenzen gemacht hat. Und da die Dinge doch keine letztendliche Existenz besitzen, können wir nicht behaupten, dass auf der relativen Ebene keine karmischen Folgen existieren. Das hieße, in eine extreme Sichtweise zu verfallen. Die geistige Erfahrung hat größere Bedeutung als die körperliche Erfahrung. Von ihr hängt unsere geistige Wandlung ab.

ཨོཾ་མ་ཎི་པདྨེ་ཧཱུྃ

Wie soll ich dich preisen, Erhabener,
der du ohne Geburt bist und ohne Ort,
der du alles weltliche Wissen übertriffst,
dessen Reich sich den Benennungen entzieht.
Dennoch, o Buddha, erweise ich dir voller Liebe Ehrerbietung,
indem ich mich auf weltliche Begriffe stütze.
Ehre dir, der ohne Dualität ist,
Ehre dir, der ohne Farbe ist.
Du hast das höchste Ziel des Weges verwirklicht,
Du bist der Unbegrenzte!
Ehre dir, der ohne Ort!
Du mögest gepriesen sein!
Aber wenn alles leer ist,
wer singt dann wessen Lobpreis?
Wer kann dich preisen,
der du nicht erscheinst noch verschwindest,
der du frei bist von Extremen?

Nagarjuna

Heilsam handeln und den Kreislauf der Wiedergeburten beenden

Sie wurden bereits unzählige Male wiedergeboren. Ist Ihnen dies bewusst, werden Sie sich wünschen, unter günstigen Bedingungen – am besten als Mensch – und nur noch wenige Male wiedergeboren zu werden. Doch ist es schwer vorherzusehen, in welches Universum von Samsara, der Welt der bedingten Existenz, Ihr Bewusstseinskontinuum und Ihr Karma Sie führen werden.

Der historische Buddha hat gelehrt, dass wir Erleuchtung erlangen und den schrecklichen Kreislauf von Tod und Wiedergeburt durch Geistesübung beenden können. Wenn wir anderen Wesen gegenüber grenzenlose Liebe und Mitgefühl entwickeln und lernen, alle fühlenden Wesen als gleich zu betrachten, so werden wir frei vom Leiden und seinen Ursachen. Zudem waren nach buddhistischer Auffassung unsere jetzigen Feinde während einer unserer zahllosen früheren Existenzen unsere Mütter, Väter, Kinder oder Ehepartner, die uns ihre Hilfe und Zuwendung geschenkt haben. Wenn wir unsere zwischenmenschlichen Beziehungen und alle Menschen, die uns Unrecht getan haben, unter diesem Aspekt betrachten, werden wir unsere Erfahrungen in einem anderen Licht sehen. Wenn wir diese Zusammenhänge als gegeben annehmen und akzeptieren, dass unsere Feinde von gestern unsere Freunde von heute sind, wird es uns leichter fallen, einen Schritt zurückzutreten und uns nicht von unseren sinnlosen, störenden Gefühlen fortreißen zu lassen. In dieser Form an uns selbst, an unserer Wahrnehmung und unseren Konzepten zu arbeiten ist ein Teil des Projekts, unsere zwischenmenschlichen Beziehungen auf eine andere Basis zu stellen. So wird unser Leben sinnvoll.

Negative Emotionen überdecken die tiefe Natur unseres Geistes. Sie sind unsere wahren inneren Feinde. Diese unheilsamen Geistesfaktoren müssen wir bekämpfen, nicht andere Wesen.

ཨོཾ་མ་ཎི་པདྨེ་ཧཱུྃ

Hingen Gegenwart und Zukunft von der Vergangenheit ab,
wären sie bereits in der Vergangenheit vorhanden.
Existierten Gegenwart und Zukunft aber bereits in der Vergangenheit,
wie könnten beide dann von der Vergangenheit abhängig sein?
Hinge die Zeit von den Dingen ab,
wie soll sie dann existieren, wenn die Dinge abwesend sind?
Wenn aber die Dinge nicht existieren,
wie sollte es dann eine Zeit geben?

Nagarjuna

Die Macht des Hier und Jetzt

Es ist für jeden von Nutzen, den Erleuchtungsgeist, also eine selbstlose Grundhaltung, zu entwickeln und über die Vergänglichkeit zu meditieren.

Die Meditation über die Vergänglichkeit der Lebewesen und Erscheinungen hilft uns, nicht an Vergangenem festzuhalten. Die Vergangenheit existiert nicht mehr, sie ist vorbei. Wir können das Rad nicht zurückdrehen. Häufig vergessen wir, wie sich die Dinge wirklich abgespielt haben, und verklären die Vergangenheit oder übertreiben ihre negativen Seiten. Das macht uns zu Opfern. Warum also sollten wir so etwas tun?

Ähnlich verhält es sich mit dem, was unser zukünftiges Leben betrifft. Wir malen uns gedanklich aus, was die Zukunft für uns bringen wird, und blicken voller Hoffnung oder Furcht nach vorn. Doch da alles in ständiger Veränderung begriffen ist, wissen wir nicht, wie das Morgen tatsächlich beschaffen sein wird. Nur in den seltensten Fällen decken sich unsere Zukunftserwartungen mit dem, was dann tatsächlich eintritt.

Der zukünftige Augenblick ist noch nicht da, dennoch machen wir uns seinetwegen Sorgen. Der vergangene Augenblick ist vorüber, nicht mehr als ein gedankliches Konzept, dennoch messen wir ihm große Wichtigkeit bei. Hin- und hergerissen zwischen Vergangenheit und Zukunft, vergessen wir, dass der einzige Moment, in dem wir etwas tun und unseren Geist verändern und anderen helfen können, der gegenwärtige Augenblick ist. Es ist also wichtig, dass wir ganz in diesem Moment verweilen.

Meditation und Nachdenken helfen uns, mehr im Hier und Jetzt zu sein und weniger an Vergangenheit und Zukunft anzuhaften.

Durch die Meditation über die Vergänglichkeit lernen wir, in der Gegenwart zu leben. Wir werden fähig, die wahre Natur des Geistes zu sehen, seine leuchtende, strahlende, offene Qualität.

ཨོཾམཎིཔདྨེཧཱུྃ

Wer im Zorn den Urheber allen Übels erkennt
und entschlossen gegen ihn vorgeht,
der wird in diesem und allen kommenden Leben
von Glück begleitet sein.
Aus Furcht und unbefriedigten Wünschen entsteht
Unzufriedenheit, der Nährboden des Hasses.
Ich werde diesen Feind bezwingen,
dessen einziges Ziel es ist, mich zu vernichten.
Diejenigen, die gegen ihre wahren Feinde, die störenden
Gefühle,
gegen Zorn, Hass, Begierde und Eifersucht kämpfen,
ungeachtet der Leiden, die sie für diesen Sieg auf sich
nehmen müssen,
sind wahre Helden.

Shantideva

Zorn ist ein schlechter Ratgeber

Oft werden wir auf jemanden zornig, weil wir der Ansicht sind, der Betreffende lasse es uns gegenüber an Respekt fehlen, verhalte sich ungerecht, vielleicht auch ablehnend oder Ähnliches. In Wirklichkeit spielt sich all das aber in unserem Geist ab. Ist unser Geist von Güte, Großzügigkeit und Freude erfüllt, werden wir innerlich ruhig bleiben, welches Verhalten unser Gegenüber auch an den Tag legen mag.

Ich verwende in diesem Zusammenhang gern das Beispiel eines Nachbarn, der wirklich zornig auf Sie ist. Er würde Ihnen am liebsten mit einem Stock zu Leibe rücken. In diesem Fall wären Sie doch sicher nicht auf den Stock wütend, mit dem er auf Sie einschlägt. Aber genauso abwegig wäre es, wenn Sie auf Ihren Nachbarn böse wären, der seinen störenden Gefühlen und seinem Zorn gänzlich ausgeliefert ist. Wenn Sie die Dinge auf diese Weise betrachten, werden Sie Mitgefühl für jeden empfinden, der versucht, Ihnen wehzutun oder zu schaden. Und wenn Sie Mitgefühl empfinden, können Sie auf den Betreffenden nicht mehr böse sein oder in Zorn geraten.

Das Ego besitzt keinerlei Existenz an sich und genauso verhält es sich mit den negativen Emotionen der Person, die Sie verletzt. Wenn Sie auf deren Verhalten mit Zorn reagieren, so bedeutet dies, dass Sie dem »Ich« eine unabhängige Existenz an sich zuschreiben, die es aber nicht gibt.

Lassen Sie sich also zu einer zornigen Handlung hinreißen, so zeigt dies, dass Sie von genau der negativen Emotion beherrscht werden, die Auslöser für das negative Verhalten des anderen war. Die Konsequenzen Ihrer Handlung zeigen sich langfristig in Form von Leiden für Sie und alle Beteiligten.

Sie können Zorn und jedes andere störende Gefühl in Ihrem Geist in deren Gegenteil umwandeln. Ob Sie zornig werden oder nicht, hängt nicht vom Verhalten Ihres Gegenübers ab, sondern vom Zustand Ihres Geistes und von Ihrem Verständnis der wahren Natur der Wirklichkeit.

ཨོཾམཎིཔདྨེཧཱུྃ

Weil er alles als Leerheit wahrnimmt,
verweilt der Bodhisattva im Samsara, dem Kreislauf der Existenzen,
ohne davon befleckt zu werden, unempfänglich für die Mängel der Welt.
Dies ist die Frucht der direkten Erkenntnis der Leerheit.
Das größte Hindernis für die Befreiung vom Leiden
ist der Schleier der Leidenschaften.
Das größte Hindernis für die Allwissenheit
ist die Unwissenheit.
Leerheit ist das Gegengift gegen diese beiden Schleier,
die den Geist trüben.
Wer Befreiung wünscht, sollte die Sicht der Leerheit entwickeln!
Wenn dieses Ich existiert, nun gut –
wenn dieses Ich aber nicht an sich existiert,
wer soll sich dann fürchten und Angst haben?
Niemand! Also kann es gar keine Angst geben.

Shantideva

Klarheit und Mut helfen uns, Probleme zu lösen

Immer wenn ich mit einem Problem konfrontiert bin, beobachte ich, was sich in meinem Geist abspielt, um zu einer gewissen heiteren Gelassenheit zurückzufinden. Das kann jeder tun. Wir müssen uns die Zeit nehmen, die inneren Grundlagen für Glück wie auch für Leid gründlich zu untersuchen. Glück und Leid hängen von unserem Geist, also zu hundert Prozent von uns selbst ab. Wollen wir unser Wohlergehen langfristig sichern, müssen wir die Art und Weise, wie unser Geist funktioniert, verändern. Wir müssen verstehen, dass unser Glück und Leid aufs Engste mit dem Glück und Leid der anderen Wesen verknüpft sind. Wir stehen mit allen Wesen in einem Verhältnis dauernder wechselseitiger Abhängigkeit. Wenn man sich dies vor Augen hält, stellt sich ganz natürlich ein Gefühl der Offenheit, der liebevollen Zuwendung und Nachsicht anderen gegenüber ein. Dies wird durch die Erfahrung ebenso bestätigt wie durch das Denken. Diese Dinge haben nicht das Geringste mit einer bestimmten Philosophie oder religiösen Praxis zu tun. Die Wissenschaft hat nachgewiesen, dass Feindseligkeit, Hass und emotionale Fixierungen bestimmte Krankheiten auslösen können, dass aber eine heitere, gelöste Einstellung heilend wirken kann.

Wenn wir uns also nur darauf stützen, was gesunder Menschenverstand, Erfahrung und Beobachtung uns lehren, so zeigt sich, dass – selbst aus medizinischer Sicht – ein friedvolles, nichtaggressives inneres Wesen mit dem Leben besser in

Einklang steht. Über diesen Punkt sollten wir nachdenken, wenn wir schwierige Zeiten durchleben, damit wir Kontrolle über unseren Geist erlangen. Dies ist der einzige Weg, um ein freudvolleres Leben zu führen.

ཨོཾ་མ་ཎི་པདྨེ་ཧཱུྃ

Wer wünscht, sein eigenes Leiden zu beenden,
wer wünscht, das Leiden der anderen zu beenden,
wer wünscht, glücklich zu sein,
der sollte niemals aufhören, Bodhichitta, den Erleuchtungsgeist, zu praktizieren.
Die Wesen, die im Samsara, im Kreislauf der Existenzen, gefangen sind,
können zu Bodhisattvas, zu Söhnen und Töchtern des Buddha, werden, sobald sie Bodhichitta erzeugt haben.
Diese kostbare menschliche Existenz, die so schwer zu erlangen ist,
bietet allen lebenden Wesen dasselbe höchste Ziel.
Wenn wir uns jetzt nicht anstrengen, dieses Ziel zu verwirklichen,
wann wird sich uns wohl wieder eine so kostbare Gelegenheit bieten?

Shantideva

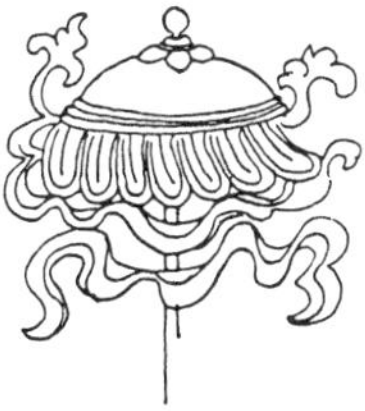

Der Angst ein Ende setzen

Im Umgang mit Angst müssen wir zunächst einmal erkennen, dass es sie in unterschiedlichen Formen gibt. Einige davon sind durchaus gerechtfertigt, zum Beispiel die Angst vor Gewalt oder jene vor den langfristigen Konsequenzen unserer negativen Handlungen. Es handelt sich bei den genannten Formen gleichsam um heilsame Ängste, und wenn wir darunter leiden, wird uns dies ein Ansporn sein, dem Pfad beherzter zu folgen und warmherziger und mitfühlender zu werden.

Doch es gibt auch Formen von Angst, die lediglich ein Produkt unseres Geistes und seiner Projektionen sind. Um mit solchen Ängsten fertig zu werden, sollten Sie sich immer sagen: »Wenn es für dieses Problem eine Lösung gibt, werde ich sie auch finden.« Es ist daher völlig nutzlos, sich von seinen Ängsten überwältigen zu lassen. Die einzig angemessene Reaktion besteht darin, nach der Lösung dafür Ausschau zu halten. Es ist vernünftiger, seine Kräfte für die Suche danach einzusetzen, statt sich vor Sorge aufzureiben.

Gibt es andererseits keine Lösung, so nützt es auch nichts, wenn Sie sich Sorgen machen, da Sie nichts tun oder an dieser Situation ändern können. Auf diese Art mit Problemen umzugehen heißt, dass wir bereit sind, uns mutig mit dem Problem direkt auseinanderzusetzen. Anders wären wir gar nicht in der Lage herauszufinden, ob es für unser Problem eine Lösung gibt oder nicht.

Ein anderer Weg, wie Sie Ihre Ängste überwinden können, liegt darin, anderen zu helfen, wenn Sie sich ängstlich fühlen.

Wenn Sie Freundlichkeit, Mitgefühl, Respekt zeigen, werden Sie auf ganz natürliche, spontane Weise weniger unruhig sein. Selbst wenn es Ihnen nicht gelingt, dem anderen zu helfen, werden Sie sich dennoch besser fühlen und weniger Angst haben, da Sie Ihre Energie darauf verwendet haben, sich um andere zu kümmern. Je stärker Ihre uneigennützige Grundeinstellung ist, desto weniger Angst werden Sie in für Sie sonst bedrohlichen Situationen empfinden.

ཨོཾ་མ་ཎི་པདྨེ་ཧཱུྃ

Wenn er auf seinem Weg von Freude zu Freude eilt,
welcher Weise ließe sich da abwerfen,
wenn er auf dem Pferd des Erleuchtungsgeistes reitet,
der alle Niedergeschlagenheit und Trägheit verscheucht?
Um das Wohl der Wesen zu bewirken,
muss man Streben, Beständigkeit und Freude verbinden.
Streben wird erzeugt durch die Betrachtung der Angst vor dem Leiden.
Indem man alle hinderlichen Faktoren aufgibt,
übt man sich eifrig im Entwickeln von Beharrlichkeit.
Bevor ich eine Aufgabe in Angriff nehme,
muss ich meine Einstellung überprüfen.
Fehlt es mir an bestimmten Eigenschaften,
so ist es besser, damit nicht anzufangen.
Denn hat man einmal etwas begonnen,
so darf man es nicht mehr aufgeben!

Shantideva

Der Segen einer Disziplin, die auf ethischen Grundsätzen fußt

Die Ethik des Buddhismus legt uns nahe, alles in unseren Kräften Stehende zu tun, um Wohlergehen für andere Wesen zu schaffen. Wenn wir uns dazu nicht motivieren können, so wird uns empfohlen, anderen zumindest nicht zu schaden. Die Vermeidung von Gewalt im Umgang mit anderen beruht auf Überlegungen, die von Liebe, Mitgefühl und Sorge um das Glück des Nächsten bestimmt sind. Ein solches Streben mag vielleicht allzu ehrgeizig oder schlechterdings unmöglich erscheinen. Aber wenn unsere Motivation und unser Wille, andere glücklich zu machen, unerschütterlich sind, dann liegt es nur an uns, unsere altruistischen Gaben zu mehren, indem wir beispielsweise dem Pfad folgen, den der Buddha gelehrt hat. Und so werden wir Schritt für Schritt das gesteckte Ziel erreichen.

Doch um ein gutes Herz und eine wohlwollende Einstellung zu entwickeln, ist es keineswegs erforderlich, einer bestimmten Religion anzugehören. Unabhängig von unseren Glaubensvorstellungen und Überzeugungen sind es bestimmte Faktoren, die eine solche geistige Haltung begünstigen: Disziplin oder Ethik, Konzentration, Wissen, das die Quelle von Weisheit ist, und eine gute Motivation.

Bevor wir handeln, müssen wir zuerst untersuchen, welches unsere Absichten sind. Dann müssen wir alle geistigen Faktoren und störenden Gedanken ausräumen, die für unsere negativen Emotionen verantwortlich sind, und uns allmählich daran gewöhnen, das Glück der anderen als wichtiger anzusehen als unser eigenes. Dies bedeutet nun allerdings nicht, dass wir uns selbst nicht auch lieben dürfen, wie manche Menschen glauben, vor allem, wenn sie deprimiert sind – ganz im Gegenteil. Rechte, ausgewogene Selbstliebe und altruistische Liebe zu anderen hängen eng zusammen.

ཨོཾམཎིཔདྨེཧཱུྃ

Solange sich die Reihe unserer Wiedergeburten von Leben zu Leben fortsetzt,
werden eines künftigen Tages unsere Eltern und unsere Kinder
zu unseren Freunden und unseren Feinden werden.
Die Mutter wird Tochter sein,
der Vater zum Sohn werden,
der Freund zum Feind.
Wir alle sind dieser fortgesetzten Wandlung unterworfen,
der Kreislauf der Existenzen bietet uns keinerlei Sicherheit.

Tsongkhapa

Die wahre Revolution unseres Jahrhunderts wird eine spirituelle sein

Die wahre Revolution dieses Jahrhunderts wird es sein, über alle religiösen und kulturellen Eigenheiten hinauszugehen und eine humanistische Ethik zu etablieren, die auf universellen menschlichen Prinzipien beruht und in der sich alle Menschen wiederfinden können. Der Ethik kommt in unserer modernen Gesellschaft eine entscheidende Rolle zu. Sie ermöglicht den Menschen, auf der Grundlage von Toleranz und gegenseitiger Achtung zusammenzuleben. Verstöße dagegen werden – zumindest in den demokratischen Ländern – in den Medien angeprangert. Und das muss auch so bleiben, damit nach Möglichkeit alle Formen des Missbrauchs vermieden werden. Was die Vertreter von Wirtschaft und Politik, was Erzieher, Wissenschaftler, Genforscher und Umweltexperten tun oder sagen, wird genauestens beobachtet und analysiert. Diese Menschen sollten sich in ihren Aussagen nicht widersprechen, sich konsequent und aufrichtig zeigen und ihre Worte in Taten umsetzen, wenn sie nicht »bestraft« werden wollen.

Die Jugend wird verstärkt im Sinne dieser Regeln erzogen. Psychologen und Wissenschaftler, die um die Rolle der Emotionen für die Gesundheit wissen, befürworten eine Form der Erziehung, die auf der Intelligenz des Herzens beruht. Herr seiner Gefühle zu sein hat direkten Einfluss darauf, wie wir uns verhalten. Alles verbindet und beeinflusst sich gegenseitig: die persönliche und die soziale Ethik, Emotionen, Gesundheit, Gewaltlosigkeit.

Dessen sollten wir uns bewusst sein, wenn wir eine konfessionsübergreifende Spiritualität etablieren wollen, bei der es nicht darum geht, einer bestimmten Religion zu folgen, sondern zu erkennen, wie unser Geist funktioniert. Wir müssen lernen, unseren Geist umzuwandeln und uneigennützige Formen des Denkens und Handelns entwickeln. Dies ist die eigentliche Basis jeder Ethik. Ebendas bedeutet für mich Spiritualität. Sie entsteht aus dem Wunsch, ein besserer Mensch zu werden. Daran müssen wir arbeiten. Nur so können wir eine für alle akzeptable universelle und menschliche Ethik entwickeln. Eine Ethik ohne Rückgriff auf die Religion, eine Ethik, die auf grundlegenden menschlichen Werten beruht, die ich säkular nennen möchte. Dies ist die wahre spirituelle Revolution des 21. Jahrhunderts.

ཨོཾ་མ་ཎི་པདྨེ་ཧཱུྃ

Je strahlender der Mond, desto kleiner der Schatten,
je kleiner der Schatten, desto größer erscheint der Mond.
Genauso verhält es sich mit dem Erlangen der Erleuchtung.
Wenn unser Glaube an die Dualität und ein unabhängiges,
aus sich selbst heraus existierendes Ich abnimmt,
dann nimmt unsere Verwirklichung zu.
Wenn unsere Verwirklichung zunimmt,
nehmen unsere störenden Gefühle ab.
Die Wirklichkeit zeigt sich, wie sie ist.

Longchenpa

Die Welt positiver denken

Den Medien kommt in der heutigen Gesellschaft eine zentrale Rolle zu, da sie Unrecht, Missbrauch und generell ethisch fragwürdige Zustände und Praktiken aufdecken. Doch sind damit ihre Aufgaben und Pflichten noch nicht erschöpft. Sie müssen sich auch zum aktiven Sprachrohr der Werte machen, welche die Entwicklung solidarischer, großzügiger Verhaltensweisen begünstigen, und konstruktive Nachrichten stärker in den Mittelpunkt rücken. Positive Initiativen können Vorbilder für viele Menschen sein. Über solche Dinge in den Nachrichten zu sprechen ist unabdingbar, wenn wir einen Wandel in den Verhaltens- und Denkgewohnheiten einleiten wollen. Stattdessen füllen ständig alle Arten von Dramen und Tragödien die Berichterstattung in den Medien. Diese ausschließliche Konfrontation mit den negativen Seiten der menschlichen Natur verführt uns schließlich zu der Annahme, die menschliche Natur sei von Grund aus schlecht. Nichts könnte falscher sein. Es wäre der Erziehung unserer Kinder förderlicher, wenn die Erwachsenen ihnen eine Welt präsentierten, die sie mit einem positiven Klima umgibt. Die Verantwortlichen in den Medien, Eltern und Erzieher sollten diesen Punkt beherzigen, um das heutige Gesicht der Welt zu verändern.

ཨོཾམཎིཔདྨེཧཱུྃ

Vielfältige Freuden sind mit dem Besitz
von Kleidern, Schmuck, Betten und Essen verbunden (...)
Besitzt der Geist eines dieser Dinge,
empfindet er Freude.
Jedes Mal, wenn die Sinne ein Objekt ergreifen,
wird es zur Quelle von Freude,
nicht aber die anderen Objekte,
über welche die Sinne hinweggehen
und die für das Bewusstsein in diesem Moment nichtexistent sind.
Sinne und Sinnesobjekte sind aus wechselseitig abhängigen Elementen zusammengesetzt, die daher nicht wirklich sind.
Auch die Formen existieren nicht wirklich.
Wenn wir dies wissen, können wir den Formen entsagen.
Da wir nicht mehr an den Sinnesobjekten haften, können wir uns befreien.

Nagarjuna

Wenn Leben und Sterben zur Wahl stehen

Der Buddhismus hat keine Standardantworten parat auf Fragen, die mit Abtreibung, Tod, Sterbehilfe oder lebenserhaltenden Maßnahmen zusammenhängen. In diesem speziellen Zusammenhang gilt es, zahlreiche Punkte zu berücksichtigen. Es gibt jedoch so etwas wie ein oberstes Gebot, das unter allen Umständen zu befolgen ist: Gewaltlosigkeit, Respekt vor dem anderen, weitestgehende Vermeidung aller Maßnahmen, die Leid zur Folge haben könnten.

Jeder einzelne Fall muss daher sowohl vom medizinischen wie vom psychologischen Standpunkt aus sorgfältig untersucht werden. Die möglichen Folgen der geplanten Maßnahmen sind daraufhin abzuwägen, ob sie mehr Leid oder mehr Wohlergehen mit sich bringen. Manchmal kann durch ein geringeres Übel großes Leid und Schmerz vermieden werden. Wir haben nicht das Recht, uns zum Richter über die Entscheidungen der Betroffenen aufzuwerfen. Allerdings sind dies in der Tat sehr heikle Fragen.

Auch hier hängt alles von unserer Motivation, unserer Einstellung ab. Wenn man die heute verfügbare medizinische Technik dazu nutzt, Patienten aus ökonomischen oder falsch verstandenen moralischen Gründen künstlich und unter extremen Schmerzen am Leben zu erhalten, so geht man über die Interessen des Kranken hinweg – das ist ein Akt der Gewalt. Gewaltsame Handlungen aber sollten Sie um jeden Preis vermeiden. Bedenken Sie stets die Konsequenzen Ihres Tuns.

Im Samsara, im Zyklus der Existenzen und Wiedergeburten,
Geduld und Eifer zu beweisen, schenkt uns
ein langes Leben, Gesundheit, ein anmutiges Äußeres, Ruhm
und das Glück eines großen Königs.
Der Faulpelz besitzt keine transzendenten Tugenden,
er besitzt weder Mut noch Großzügigkeit
und wirkt nicht zum Wohle anderer.
Mut verstärkt alle guten Eigenschaften
und ermöglicht uns, die absolute Weisheit zu erlangen.
Mut eröffnet uns den Weg zur Buddhaschaft.
Dort wo Mut ist, ist Erwachen.

Gampopa

Buddhisten achten ihre Umwelt

Die Menschen Asiens saugen die Achtung vor allen lebenden Wesen, vor der Erde, dem Universum, kurz: vor dem Leben in all seinen Formen gleichsam mit der Muttermilch ein. Der Buddhismus lehrt die wechselseitige Abhängigkeit von Lebewesen und Erscheinungen. Wenn wir also die Welt und die Wesen, die hier mit uns leben, zerstören – schaden wir uns damit selbst. In einem buddhistischen Land ist es leicht, sich eine ökologische Grundhaltung anzueignen, da man sich dort ohnehin von Kindesbeinen an darin übt.

Im Westen waren zu Beginn des Industriezeitalters hingegen jene in der Minderheit, die sich um ökologische Fragen Gedanken machten. Die Folgen der industriellen Entwicklung waren keiner Überlegung wert, schienen doch die natürlichen Ressourcen unerschöpflich.

So brachten die menschliche Unwissenheit und Sorglosigkeit im Laufe der Jahrhunderte großes Leid über Mensch, Tier und den Planeten als Ganzes. Nun findet ein Umdenken statt, und wir sind sensibler für Umweltfragen geworden. Es ist uns bewusst, dass diese ökologischen Probleme von uns geschaffen wurden und jeder einen Teil der Verantwortung dafür trägt. Wir möchten eine bessere Welt schaffen.

Der Weg dorthin beginnt mit der Erziehung unserer Kinder und damit, dass wir uns bewusst machen, was uns allen gemeinsam ist: unser Planet und unser Menschsein. Wir sollten alles Trennende, alle Ideologien, hinter denen wir uns verstecken, hinter uns lassen, und unsere Kräfte vereinen, um verantwortungsvoll für die Zukunft einzutreten. Wir alle sind miteinander verbunden, hängen voneinander ab. Die aktuelle globale, wirtschaftliche und politische Situation gestaltet sich so, dass wir das Wohl aller Wesen, des gesamten Planeten anstreben müssen, wenn wir eine ökologische Katastrophe im großen Maßstab vermeiden wollen. Dies kann nur gelingen, wenn wir alle an einem Strang ziehen.

ༀ་མ་ཎི་པ་དྨེ་ཧཱུྃ

Würden die Verdienste der Helden des Erwachens sich manifestieren,
würden sie den gesamten Raum und noch mehr ausfüllen.
Die Gesamtheit der Verdienste aller Wesen
resultiert aus dem Streben nach Erleuchtung der Helden des Erwachens (…).
Die Helden des Erwachens denken voller Liebe und Mitgefühl an die Wesen.
Diese Gedanken haben nicht ihresgleichen, was den Gleichmut angeht.
Diese Gedanken gründen auf der Einsicht in die Leerheit.
Sie sind daher frei von Bedauern, frei von Anhaftung und voll der Freude.

Shantideva

Veränderung braucht Zeit

Die Menschen im Westen zeigen sich häufig sehr ungeduldig, wenn es darum geht, zu bekommen, was sie sich wünschen. Dieser Charakterzug wird durch die Konsumgesellschaft noch begünstigt. Viele, die zu meinen Belehrungen kommen, glauben, dass man den Geist mit den Meditationstechniken des Buddhismus leicht und schnell umwandeln kann. Doch jede Veränderung braucht Zeit. Man muss einem bestimmten Meditationsweg mit seinen festgelegten Stufen folgen und täglich geduldig praktizieren, um seine geistigen Gewohnheiten und sein Verhalten zu ändern. Langfristig führen nur Beharrlichkeit, Regelmäßigkeit, Disziplin und Wissen zu einer wirklichen inneren Wandlung.

Auf jeder Stufe des Weges kommt man durch Anwendung der entsprechenden Techniken weiter. Der Geist leidet seltener unter dem Ansturm negativer Gefühle, und sie treten auch nicht mehr so intensiv auf. Sie berühren den Geist nur noch oberflächlich wie die Wellen des Ozeans. In der Tiefe bleibt die wahre Natur des Geistes unbewegt und unberührt von äußeren Umständen. Jede Ausbildung erfordert, dass man ihr Zeit und Geduld widmet. Dies sollte man nicht vergessen, um nicht den Mut zu verlieren, und sich immer wieder an das Ziel erinnern, das es zu erreichen gilt: ein glücklicheres, freudvolleres Dasein.

Bevor man sich auf einen solchen Pfad begibt, sollte man gründlich seine Motive prüfen. Aus der rechten Motivation entsteht die tiefe, unerschütterliche Überzeugung, dass man diesen Weg gehen muss. Unser Handeln wird sodann zur natürlichen Folge unserer Entschlossenheit. Sie ermöglicht uns, den Weg bis zum Ende zu gehen und alle nötigen Anstrengungen auf uns zu nehmen.

ཨོཾ་མ་ཎི་པདྨེ་ཧཱུྃ

Ohne Entschlossenheit und Ausdauer sind wir nicht fähig,
Schwierigkeiten und Leiden zu ertragen.
Abneigung ist das Zeichen eines schwankenden Geistes.
Die Begierde ist Zeichen eines Geistes, der in der Illusion lebt,
Gleichgültigkeit ist ein Zeichen von Faulheit.
Mangel an gutem Benehmen und Schamhaftigkeit heißt,
sich selbst und anderen gegenüber gleichgültig zu sein.
Selbstgefälligkeit führt zu Respektlosigkeit,
Überheblichkeit bringt Missachtung und Stolz mit sich.
Heuchelei und Schmeichelei sorgen dafür, dass wir unsere
Sinne im Zaum halten,
um Ansehen und Besitz zu erlangen.
Die Lehren eines Meisters zu missachten ziemt sich nicht.

Shantideva

Der große Unbekannte: der Zeitpunkt unseres Todes

Niemand weiß, wann er sterben wird. Jeder Augenblick kann unser letzter sein. Dennoch befassen wir uns ungern mit dem Tod und tun so, als würden wir ewig leben. Aber zu sterben und sich vor dem zu fürchten, was dann mit uns passiert, ist schrecklich. Zu sterben, ohne seinen Angehörigen Lebewohl gesagt zu haben, ist schmerzlich.

Die Buddhisten glauben, dass das Bewusstsein nach dem Tod weiter besteht und der Tod nur ein weiterer Abschnitt des Daseins und nicht sein Ende ist. Dem Augenblick des Todes kommt entscheidende Bedeutung zu, denn er hat Einfluss auf unser nächstes Leben. Unser letzter Gedanke prägt unsere künftigen Wiedergeburten. Es ist also ganz wichtig, dass der Sterbende heiteren Geistes ist, wenn er seinen letzten Atemzug tut. Die buddhistischen Belehrungen zu diesem Thema empfehlen, selbstlose, positive Gedanken zu pflegen und sich auf ein Gefühl tiefer Güte zu konzentrieren. Die Praxis bereitet uns auf diesen Moment vor, vor allem, weil sie uns an die Vergänglichkeit erinnert und unterstreicht, wie wichtig es ist, sich vom Leiden und seinen Ursachen zu befreien, um die Ursachen des Glücks zu erfahren. Sich mit diesen Dingen zu Lebzeiten vertraut zu machen hilft, in Frieden zu sterben.

Zudem wird den Angehörigen empfohlen, sich nicht allzu sehr ihrer Trauer zu überlassen und alles zu tun, damit die letzten Augenblicke des Sterbenden von einer liebevollen, ruhigen und heiteren Atmosphäre erfüllt sind. Wenn möglich, sollte die Begleitung des Sterbenden gemäß seiner Religion erfolgen. Wenn er einen tiefen Glauben besitzt, wird ihm dies eine sichere Hilfe und spirituelle Stütze sein.

Welcher Religion wir auch angehören mögen, wir sollten uns nach Möglichkeit darauf vorbereiten, ohne Bedauern zu sterben, indem wir zu unseren Lebzeiten gute menschliche Eigenschaften entwickeln. Zum Zeitpunkt unseres Todes halten wir die Zügel für unser nächstes Ziel in der Hand. Bereiten wir uns schon jetzt darauf vor.

ཨོཾམཎིཔདྨེཧཱུྃ

Indem ich an diesem Körper anhafte,
häufe ich viel unnützes Leiden an.
Welchen Sinn hat mein Anhaften für diesen Körper?
Ob ich ihn schütze oder der Tod ihn fortnimmt,
er fühlt weder Liebe noch Zorn oder Hass,
warum hafte ich also mit solcher Kraft an ihm an?
Wozu diese Mühe?
Ich liebe diesen Körper, wir sind Freunde,
alle Wesen lieben ihren Körper, wir sind uns ähnlich.
Da ich dies verstehe, opfere ich meinen Körper,
ohne noch Anhaftung zu zeigen, dem Wohl der fühlenden Wesen.
Ich sorge für ihn trotz seiner Mängel.
Tag und Nacht erfülle ich geduldig meine Pflicht,
damit meine fortgesetzten Anstrengungen dazu beitragen, mich vom Leiden zu befreien.

Shantideva

Den Tag mit einer positiven Motivation beginnen

Jeder weiß aus eigener Erfahrung, dass es im Leben ganz entscheidend auf unsere geistige Einstellung ankommt, damit wir alles, was wir uns vornehmen, möglichst gut erledigen. Wenn man morgens glücklich aufsteht und den Wunsch verspürt, anderen zu helfen, so wirkt sich das auf den gesamten Tagesablauf aus. Sie können sich bewusst auf den Tag vorbereiten, wenn Sie gleich beim Aufwachen eine gute Motivation in sich entstehen lassen. Sie wird Ihnen ein verlässlicher Führer sein bei allem, was Sie tagsüber tun.

Sofern Sie Buddhist sind, ist es für das Entwickeln einer solchen Geisteshaltung hilfreich, wenn Sie jeden Morgen die Bodhisattva-Gelübde wiederholen. Sie geloben, alles in Ihren Kräften Stehende zu tun, um den fühlenden Wesen zu helfen. Andere zum Mittelpunkt unseres Interesses zu machen lenkt uns von unseren selbstbezogenen Sorgen und Gewohnheiten ab. Der Raum, der vorher vom Ich allein besetzt war, öffnet sich, sodass in uns grenzenlose Freude entsteht.

Gehören Sie einer anderen religiösen Tradition an, so können Sie sich immer wieder sagen, dass jeder neue Tag eine Gelegenheit ist, sich zu ändern, ein besserer Mensch zu werden, jene, die Sie lieben, glücklich zu machen, und sich damit von den Ursachen des Leides zu befreien.

Zudem können Sie die Unterweisungen, die Sie erhalten haben, jederzeit praktisch anwenden. Rufen Sie sich das Gesetz von Ursache und Wirkung und die sich daraus ergebenden

Konsequenzen ins Gedächtnis. Erinnern Sie sich, welche Bedeutung Liebe und Mitgefühl für das eigene Wohlergehen haben. Machen Sie sich klar, dass Ihr Geist die Welt erschafft, in der Sie leben. Wenn Ihnen diese Zusammenhänge bewusst sind, können Sie sich nur sagen: »Ich werde diesen Tag auf eine glückliche, für mich und alle Wesen in meiner Umgebung sinnvolle Weise gestalten.« Und geben Sie sich nicht mit dem Wunsch allein zufrieden – ihm sollten auch Taten folgen.

Abends vor dem Einschlafen lassen Sie Ihren Tag geistig Revue passieren und fragen sich, ob Sie an Ihren Vorsätzen festgehalten haben. Anfangs werden Sie feststellen, dass Ihnen dies nicht in jeder Situation gelungen ist, doch das ist nicht schlimm. Verurteilen Sie sich deswegen nicht. Machen Sie sich bewusst, was Sie getan beziehungsweise unterlassen haben. Ändern Sie die Dinge, mit denen Sie nicht einverstanden sind, Schritt für Schritt. Nach einer Zeit werden Sie feststellen, dass Ihr Geist sich verändert und Ihr Leben unkomplizierter wird.

ཨོཾམཎིཔདྨེཧཱུྃ

Ein winziger Anflug von Zorn genügt,
um alle Verdienste aus heilsamen Handlungen,
die wir in der Vergangenheit
während zahlloser Existenzen angesammelt haben,
zunichte werden zu lassen.
Ich muss meine zahllosen Fehler beseitigen.
Doch bis ich jeden einzelnen ausgemerzt habe,
werden viele Äonen verstreichen.

Shantideva

Alles ist der Vergänglichkeit unterworfen

Damit wir nicht vergessen, wie wichtig und unaufschiebbar es ist, zu praktizieren und positive menschliche Eigenschaften zu entwickeln, sollten wir uns immer wieder bewusst machen, dass alles vergänglich ist und wir jederzeit sterben können. Das Gefühl, dass wir keine Zeit zu verschwenden haben, macht jeden Augenblick kostbar. Uns wird bewusst, dass die menschliche Existenz sehr selten ist und wir sie nicht mit sinnlosen Beschäftigungen vergeuden dürfen.

Dennoch sollten wir nicht übersehen, dass jede wirkliche Veränderung zum Guten nicht von heute auf morgen geschieht. Wir müssen einem strikten Plan folgen und uns diszipliniert jeden Tag zur Meditation hinsetzen, um eine geistige Wandlung herbeizuführen. Dies braucht seine Zeit. Doch wenn Sie nach einigen Jahren zurückblicken, werden Sie feststellen, dass Sie durch diese beständige Anstrengung ein anderer Mensch geworden sind.

ཨོཾམཎིཔདྨེཧཱུྃ

Gewinn und Ehre
erzeugen Verwirrung und machen Achtsamkeit
zunichte.
Gewinne, die wir für uns erzielt haben,
machen uns eitel, stolz und selbstgefällig.
Kein Erwachter kann dies gutheißen.
Gewinn und Ehre
lassen uns die Wurzeln des Guten verlieren.
Sie sind wie Dornen, wie Treibsand.
Geben wir ihrem Lockruf nach,
können wir ihnen kaum noch entkommen.

Nagarjuna

Sich in freudiger Vergebung üben

Freudige Begeisterung ist die Frucht von Geduld und der Einsicht, dass diese menschliche Existenz ebenso selten wie kostbar ist.

Sind wir uns zudem der schädlichen Auswirkungen von Zorn und Groll bewusst und wünschen uns, die unserer grundlegenden Natur eigene Freude zu bewahren, werden wir uns vor dem Hass, unserem wahren Feind, schützen.

Geduld hängt von unserer Fähigkeit ab, einen unerschütterlichen Geist zu bewahren. In ihr spiegelt sich unsere innere Kraft. Geduld ist das Ergebnis eines disziplinierten Geistes. Sie ist weder ein Zeichen von Schwäche noch von Verzicht.

Der Geist der Vergebung entsteht aus Geduld und Toleranz. Zu vergeben bedeutet nicht, dass wir vergessen, was passiert ist, sondern dass wir in uns keine Gefühle von Hass und Wut nähren.

Jemandem zu verzeihen bedeutet, freiwillig auf jede Form von Aggression und Negativität zu verzichten, die uns jeglicher Chance auf geistigen Frieden berauben würde.

ཨོཾ་མ་ཎི་པདྨེ་ཧཱུྃ

Das Hinayana, auch »kleines Fahrzeug« genannt, lehrt,
dass es im Nirvana zwei Formen des Aufhörens gibt:
das Aufhören mit karmischen Spuren, also das Aufhören des Arhats, des Entsagenden,
und das endgültige Aufhören ohne karmische Spuren.
Ersteres wird erlangt, indem man sich von Verlangen und dem falschen Glauben an ein Ich freimacht,
das zweite wird erlangt, wenn alle Begriffe sich auflösen und alle Gefühle entschwunden sind,
die Neigungen zur Ruhe gebracht und das Bewusstsein erloschen.

Chandrakirti

Selbstloses Handeln beruht auf Selbstvertrauen

Selbstgefälligkeit und Überheblichkeit haben stets negative Konsequenzen. Hat unser Selbstvertrauen jedoch ein gesundes Fundament, dann ist es positiv zu werten. Doch was verstehen wir darunter, Selbstvertrauen zu besitzen? Von welchem Selbst ist hier die Rede?

Denken wir dabei an unser Ego, so sind dies nur unsere egoistischen Wünsche. Selbstvertrauen, das sich auf die echte Sorge um das Wohl anderer und den Wunsch, ihnen nützlich zu sein, gründet, ist hingegen eine positive Kraft. Aufrichtigkeit und Selbstvertrauen hängen eng zusammen. Je aufrichtiger Sie sind, desto mehr Selbstvertrauen haben Sie, denn dies gestattet Ihnen, Großes für andere zu leisten, ohne unbesonnenen Stolz zu entwickeln.

Aus buddhistischer Sicht ist Selbstvertrauen das Gegenteil von Mutlosigkeit und Niedergeschlagenheit. Solche Gefühle sind häufig Ausdruck eines überwertigen Ich-Gefühls, von Stolz und Egoismus. Sie werden zum Hindernis bei der Verwirklichung unserer uneigennützigen Ziele. Als Buddhist können Sie Gefühlen von Selbsthass und Resignation den Boden entziehen, indem Sie darüber nachdenken, dass alle Wesen, also auch Sie, die Buddha-Natur besitzen. Diese unsere grundlegende Natur ist der Keim, das Potenzial der vollkommenen, vollständigen Erleuchtung. Daher sollten alle, die einem buddhistischen Pfad folgen und unter Selbsthass leiden, alles tun, um dieses kostbare Potenzial, das jedem Menschen innewohnt, schätzen zu lernen, ihr Selbstwertgefühl zu stärken und Selbstvertrauen zu entwickeln.

Solange wir uns der wunderbaren Gabe der menschlichen Intelligenz und der Tatsache bewusst sind, dass wir davon positiven Gebrauch machen können, so lange werden wir die innere Kraft aufbringen, alle Probleme anzugehen, ohne die Hoffnung zu verlieren oder in Selbsthass zu versinken. Wenn wir uns der wunderbaren Gaben erinnern, die wir mit allen Menschen teilen, wirkt dies der irrigen Vorstellung entgegen, dass wir zu nichts taugen und nutzlos sind. Es ist also unerlässlich, dass wir unser Potenzial menschlicher Würde erkennen und die Bedeutsamkeit unserer inneren Wandlung richtig einschätzen.

ཨོཾ་མ་ཎི་པདྨེ་ཧཱུྃ

Entwickle durch ethisches Verhalten und Meditation
Einsicht in die vier Wahrheiten.
Die Befreiung hängt allein von dir ab,
niemals von dem, was ein anderer tut.
Übe dich unermüdlich
in ethischem Verhalten, in Weisheit und Meditation.
Wandle deinen Geist um
und erlange das höchste Wissen, welches von Täuschung befreit.

Nagarjuna

Gebet und Ritual stützen unser Gedächtnis

Gebet und Ritual sind unsere täglichen Gedächtnisstützen. Alle Formen der spirituellen Praxis zielen auf bestimmte Zustände unseres Geistes ab. Sie helfen uns, unsere Gefühle und unseren Geist umzuwandeln. Tatsächlich bedeutet echte spirituelle Praxis aber, dass man sich in jedem Augenblick in ihr übt. Sie lässt sich nicht von unseren täglichen Aktivitäten trennen, sondern ergänzt und durchdringt sie. Für den Praktizierenden stellt jede Erfahrung, mit der er konfrontiert wird, eine Gelegenheit dar, an der er überprüfen kann, wie viel er von den Lehren behalten hat. Jedes Erleben bietet Gelegenheit, sich zu ändern.

Muss ein Praktizierender sich mit einer Person auseinandersetzen, die ihn ungerecht behandelt, wird er versuchen, dieser mit Mitgefühl zu begegnen und sie zu verstehen. Er wird ihr Glück wünschen und jede Form von aggressiver Gegenreaktion zu vermeiden suchen. Hat er gar die Bodhisattva-Gelübde abgelegt, bei denen man wünscht, den anderen vom Leiden zu befreien, muss er sich im Rahmen seiner Möglichkeiten bemühen, dies in die Tat umzusetzen. Seine Motivation dem anderen gegenüber wird grundlegend gut sein.

Welche Umstände uns also auch begegnen mögen, wir sollten uns immer bemühen, menschliche Qualitäten wie Güte, Freundlichkeit und Mitgefühl zu entwickeln. Darin besteht aus meiner Sicht die wirkliche spirituelle Praxis. Alle Menschen, ob religiös oder nicht, können sich darin üben, ihren

Geist zum Positiven hin zu verändern. Das Wichtigste dabei ist und bleibt aber, dass sie das Gelernte in ihrem täglichen Leben umsetzen.

ཨོཾ་མ་ཎི་པདྨེ་ཧཱུྃ

Ich stelle diesen Körper
allen Wesen zur freien Verfügung.
Mögen sie damit verfahren,
wie es ihnen am besten erscheint,
ihn töten, beschimpfen oder schlagen.
Mögen sie mit meinem Körper spielen,
mögen sie sich damit vergnügen und ihn verspotten.
Da ich ihnen meinen Körper geschenkt habe,
warum sollte er mir noch wichtig sein?
Entstehen zornige oder hingebungsvolle Gedanken
bei jenen, die mir begegnen,
so möge auch dies zur dauerhaften Ursache
der Verwirklichung all ihrer Wünsche werden!
Mögen die, die mich beschimpfen oder verspotten,
das Glück erfahren, Erleuchtung zu erlangen!

Shantideva

Das Lächeln der Leerheit

Weisheit im buddhistischen Sinne meint die Erfahrung der Leerheit, bei der man erkennt, dass nichts aus sich selbst heraus existiert. Die Dinge manifestieren sich in wechselseitiger Abhängigkeit. Die Methode – also die »geschickten Mittel« – geht stets Hand in Hand mit der Weisheit und bezieht sich wiederum auf das Mitgefühl, auf eine selbstlose Motivation und die Erkenntnis des Gesetzes von Ursache und Wirkung.

Die buddhistische Philosophie lehrt, dass alle Phänomene unbeständig sind und nur in wechselseitiger Abhängigkeit existieren. Leer und frei von einem Selbst manifestieren sie sich, dem Gesetz von Ursache und Wirkung folgend, auf der relativen Ebene.

Die Dinge existieren also auf der Ebene der relativen Wahrheit, eben aus dem Grund, weil sie auf der Ebene der absoluten Wahrheit nicht an sich existieren.

Relative Wahrheit kann man nicht ohne Rückgriff auf die absolute Wahrheit verstehen oder erläutern und umgekehrt.

ཨོཾམཎིཔདྨེཧཱུྃ

Wer die Wirklichkeit eines Phänomens erkennt,
erkennt alle.
Die Leerheit eines Phänomens
ist die Leerheit aller.
Hat man ein Phänomen erkannt,
kann man alle erkennen.
Hat man ein Phänomen gesehen,
kann man alle sehen.
Wer so sieht und erkennt,
verfällt nicht dem Rausch des Ich.
Wer einen gewöhnlichen Geist hat,
sieht nicht, dass die Extreme sich berühren,
das Extrem des Begehrens und das Extrem des
Nichtbegehrens.
Entsetzt über das Extrem des Begehrens,
suchen sie ins Extrem des Nichtbegehrens zu flüchten.

Chandrakirti

Der andere ist ich, ich bin der andere

Jedes lebende Wesen hat dieselben Rechte wie wir selbst, wir und sie sind vollkommen gleich. In dieser Sichtweise sollten wir uns üben und unsere Beziehungen entsprechend gestalten. Die Meditation über Gleichmut besteht in erster Linie darin, darüber nachzudenken, dass wir und die anderen Wesen gleich sind, dass wir alle glücklich sein und Leid vermeiden möchten. Wer eine unvoreingenommene Grundhaltung erzeugen will, versetzt sich stets in die Lage des anderen und sinnt über folgende Punkte nach:

1. Alle Wesen sind gleich. Sie möchten Glück erlangen und Leid vermeiden. Wir sollten sie daher alle unterschiedslos gleich behandeln. Ich werde ihnen unvoreingenommen gegenübertreten, damit ich ihnen helfen kann, die Ursachen des Glücks zu erlangen und sich vom Leiden zu befreien.

2. Wenn alle Wesen sind wie ich, gibt es keinen Grund, dass ich mich oder meine Freunde bevorzugt behandle – unter welchen Umständen auch immer. Ich werde mich also allen Wesen gegenüber so verhalten, als wären sie gute Freunde.

3. Da alle Wesen gleich sind, werde ich sie nicht in Freunde oder Feinde einteilen. »Feinde« sind für den Bodhisattva, der sich in Geduld und Toleranz übt, höchst wertvoll. Auf der Ebene der absoluten Wahrheit kann kein fühlendes Wesen mein Feind sein. Meine einzigen Feinde sind meine

negativen Emotionen. Nichtsdestotrotz sind all diese Begriffe nur relativ und existieren nur auf der Ebene der Konvention.

Mit Hilfe dieser Betrachtungen können Sie unter allen Umständen Gleichmut entwickeln und so geistigen Frieden erlangen.

Wenn wir also unsere gewöhnliche Haltung, die von Eigenliebe beziehungsweise Gleichgültigkeit gegenüber anderen geprägt ist, umkehren, lernen wir, unser Anhaften an uns selbst lockerer zu gestalten und anderen den Vorzug zu geben. Das ist der Kernpunkt des Geistestrainings.

ཨོཾམཎིཔདྨེཧཱུྃ

Voll Ehrfurcht verneige ich mich
vor Buddha Amitabha,
der im wunderbaren Land von Frieden und Glückseligkeit verweilt.
Sein makellos goldener Leib gleicht dem Berg Meru,
seine Augen sind so rein wie blaue Lotosblüten.
Sein Antlitz ist vollkommen geformt,
sein majestätisches Licht leuchtet wie tausend Sonnen und Monde.
Seine Stimme reicht weit wie die Trommeln des Himmels.
Er zerstört falsche Ansichten und nichtige Gedanken.
Er hat höchste Freiheit erlangt, indem er sich dem Wohl der Wesen widmete.
Aus den zehn Richtungen strömen die Kinder der Buddhas in Scharen herbei.
Sie besitzen übernatürliche Kräfte
und kommen in das Land von Frieden und Glückseligkeit,
in dem du deinen Sitz hast.
Alle Dinge sind unbeständig und ohne Selbst
gleich der Spiegelung des Mondes auf dem Wasser.
Ich habe die hervorragenden Qualitäten des Buddha gepriesen,
die Wurzeln des Guten, die ich erlangt habe,
teile ich mit allen Wesen.
Ich werfe mich vor dir auf die Erde nieder
und bezeige dir meine Verehrung, Buddha Amitabha.

Tibetisches Gebet

Die acht glückverheißenden Symbole des Buddhismus

Der kostbare Schirm

Symbolisiert den Schutz vor negativen Emotionen und Krankheit. Er steht auch für den vielfältigen Nutzen, den man aus heilsamen Handlungen zieht.

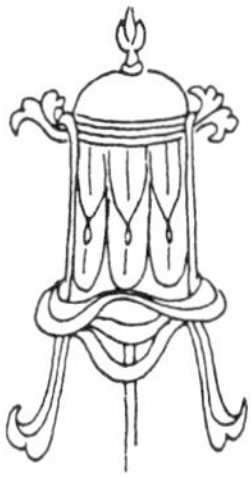

Das Siegesbanner

Symbolisiert den Sieg der Lehren des Buddha über falsche Ansichten und Hindernisse.

Die goldenen Fische

Symbolisieren Freude, Spontaneität, Glück, Reichtum, Fülle, Wohlergehen und Fruchtbarkeit.

Die weiße Muschel

Symbolisiert das Freisein von allem Übel. Nach rechts gewendet steht sie für die ausdrückliche Verehrung der Lehren des Buddha.

Der Lotos

Symbolisiert Reinheit und spirituelle Verwirklichung. Der Stängel steht für den Kreislauf von Tod und Wiedergeburt, die Blüte für das Nirvana, die Befreiung vom Leiden.

Der Endlosknoten

Symbolisiert die Weisheit und das Mitgefühl des Buddha, die beide grenzenlos sind. Der Knoten steht auch für die wechselseitige Abhängigkeit aller Dinge, die durch das Gesetz von Ursache und Wirkung verbunden sind.

Das Rad des Gesetzes

beziehungsweise des Dharma. Seine acht Speichen symbolisieren den Edlen Achtfachen Pfad, also die Anweisungen des Buddha, die zur Erleuchtung führen.

Die Schatzvase

Enthält den Nektar der Unsterblichkeit und symbolisiert den geistigen Reichtum und die Weisheit der Buddhas, welche die Macht hat, alle Unwissenheit zu vertreiben.

Die großen Meister des tibetischen Buddhismus

Chandrakirti

Buddhistischer Philosoph aus dem 7. Jahrhundert, geboren in Südindien. Er vollzieht eine Rückwendung zu den Lehren des Nagarjuna und seiner Methode der Widerlegung fehlerhafter Auffassungen. Chandrakirti kritisiert verschiedene buddhistische Schulen, die seiner Auffassung nach die radikale buddhistische Sicht der Leerheit, wie Nagarjuna sie darlegt, nicht korrekt vertreten. Nach seinem Studium an der berühmten Nalanda-Universität in Indien wird er aufgrund seiner profunden Kenntnisse und Sicherheit im Debattieren deren Rektor. In der Gelug-Schule – welcher der Dalai Lama angehört – gilt Chandrakirti als derjenige, der die Lehre Nagarjunas systematisch aufbereitet und erklärt hat und der in seinen Texten somit die buddhistische Sicht der Wirklichkeit in ihrer reinsten Form vertritt.

Gampopa

Gampopa (1079–1153) kommt in Zentraltibet zur Welt. Bei seinem Vater studiert er die acht Zweige der Medizin und wird von verschiedenen Lehrern im Dharma unterwiesen. Bereits in sehr jungen Jahren zeichnet er sich durch seine Studien aus. Im Alter von zweiundzwanzig Jahren heiratet er die Tochter eines örtlichen Grundherrn. Aus der glücklichen Ehe gehen zwei Kinder hervor, ein Sohn und eine Tochter. Als seine Angehörigen durch eine schreckliche Epidemie sterben, legt er die Mönchsgelübde ab. Zu diesem Zeitpunkt ist er zweiunddreißig Jahre alt.

Er lernt bei vielen Lehrern der Kadam-Linie, die auf Atisha zurückgeht, doch sein Hauptlehrer ist der große Milarepa. Als er ihm zum ersten Mal begegnet, kann Gampopa sich nicht erinnern, jemals so glücklich gewesen zu sein, voller Frieden und mit seinem Leben im Reinen. Es ist, als sei er nach einer langen Reise endlich heimgekehrt.

Nach vielen in Klausur verbrachten Jahren führt Gampopa die monastische Kadam-Tradition zusammen mit der Überlieferungslinie des Mahamudra und der Sechs Yogas, die ihm von Milarepa übertragen wird. Er verfasst zwei bedeutende Werke: *Der kostbare Schmuck der Befreiung* und *Die kostbare Girlande für den höchsten Weg*, die noch heute weltweit studiert werden. Er stirbt im sechsten Monat des Wasservogel-Jahres im Alter von siebenundsiebzig Jahren.

Longchenpa

Longchenpa (1308–1363) wird im südöstlichen Zentraltibet geboren und beginnt seine Studien unter Anleitung seines Vaters, ehe er mit zwölf Jahren ins Kloster von Samye eintritt. Er begibt sich in ein Dunkelretreat, in dem er sechsundzwanzig Jahre verweilen wird, und sieht in einer Vision seine Begegnung mit Meister Rigdzin Kumaraja voraus. Nach langen Jahren der Praxis gibt er eine Reihe von Unterweisungen, die heute als das Herzstück der Nyingma-Tradition, der sogenannten Alten Schule, betrachtet werden. Diese Belehrungen zeigen klar, dass deren Sicht zu den authentischen Lehren des Buddha gehört.

Nagarjuna

Nagarjuna ist einer der Hauptphilosophen des Buddhismus. Er soll im 2. und 3. Jahrhundert unserer Zeitrechnung gelebt haben, die genauen Daten seiner Geburt und seines Todes sind nicht bekannt. Der Legende zufolge soll Nagarjuna von Schlangen, Nagas, in deren Unterwasserpalast unterrichtet worden sein. Sie übergaben ihm Schriften mit sehr tiefgründigen Lehren, die ihnen der Buddha zur Aufbewahrung anvertraut hatte.

Nagarjunas Veranschaulichung der Leerheit stellt einen Höhepunkt innerhalb der buddhistischen Überlieferung dar. Er entwickelt eine ganz eigene Methode, falsche Ansichten zu widerlegen. Dabei werden alle rationalen Schlussfolgerungen ins Absurde übersteigert, um zu zeigen, dass alles relativ ist und nichts eine wahre Wirklichkeit besitzt. So sei es falsch zu behaupten, die Dinge existierten oder existierten nicht. Die Wahrheit liege vielmehr zwischen diesen beiden Extremen: in der Leerheit.

Shantideva

Shantideva (687–763) ist einer der letzten indisch-buddhistischen Meditationsmeister. Er ist der Verfasser des klassischen Textes *Lebenserfahrung im Geiste der Erleuchtung*, der heute von vielen Buddhisten, speziell in Tibet, auswendig gelernt wird.

Shantideva ist der Sohn eines Königs, flieht aber, um Mönch zu werden. Er verbringt die Nächte schreibend und studierend und schläft tagsüber, daher hält man ihn für faul und dumm. Eines Tages fordert man ihn auf, Unterricht zu halten – allerdings nur, um ihn danach aus dem Kloster jagen zu können. Doch zur Überraschung aller erteilt er sehr tiefschürfende Belehrungen und verlässt daraufhin die Abtei, um das Leben eines Wandermönchs zu führen.

Tsongkhapa

Tsongkhapa (1357–1419) oder Lobsang Dragpa, wie sein Dharma-Name lautet, wird in der Provinz Amdo im Nordosten Tibets geboren. Er beginnt seine Ausbildung sehr früh. Im Alter von drei Jahren erhält er die Laienordination und legt vier Jahre später die Novizengelübde ab. Er erhält eine umfassende Ausbildung und ist dadurch mit den höchsten Lehren aller Schulen eng vertraut. Tsongkhapa entwickelt den sogenannten Stufenweg oder *lam rim*, der heute noch geübt wird. Er ist der Begründer der Gelug-Tradition des tibetischen Buddhismus, der auch der heutige Dalai Lama angehört. Diese Schule legt den Hauptakzent auf strenge Disziplin und ein gründliches Studium der Leerheit.

Möge das Wohl aller Wesen
durch Wogen großen Segens
ohne Hindernisse vollendet werden.

ཨོཾམཎིཔདྨེཧཱུྃ

Autor und Herausgeberin

Der Dalai Lama ist das geistliche und weltliche Oberhaupt der Tibeter. Der amtierende 14. Dalai Lama wurde 1935 geboren. Nach der Besetzung Tibets durch China floh er 1959 nach Indien, wo er seitdem im Exil lebt. Für seine spirituelle Arbeit und seinen Einsatz für den Weltfrieden findet der Dalai Lama Anerkennung in der ganzen Welt. Seine Bemühungen um die politische Unabhängigkeit Tibets sowie um dessen kulturelle und religiöse Identität wurden 1989 mit dem Friedensnobelpreis geehrt.

Die Herausgeberin Catherine Barry ist Journalistin, Autorin und Therapeutin. Von 1997 bis 2007 präsentierte sie im französischen Fernsehen die wöchentliche Sendung »Voix Bouddhiste«. Sie hatte mehrmals die Gelegenheit, den Dalai Lama zu interviewen und hat darüber bereits Bücher veröffentlicht wie »108 Perlen der Weisheit. Auf dem Weg zu Erleuchtung«.